Dr. Oetker

Kleine Modetorten

Dr. Oetker

Kleine Modetorten

Dr. Oetker Verlag

Vorwort

Ob die raffinierte Stricknadeltorte, der beliebte Maulwurfshügel oder
der fruchtige Blubberkuchen – viele von Ihnen kennen und lieben unsere Modetorten.
Jetzt gibt es sie auch im praktischen Mini-Format:

Die kleinen Modetorten aus der Miniform oder vom halben Backblech haben genau die richtige Größe
für Singles und Paare, kleine Familien oder die ganz große süße Vielfalt auf der Kaffeetafel.
Bei so vielen kleinen Köstlichkeiten ist für jeden etwas dabei.

Die Minis schmecken riesig und sind doch so klein,
dass Ihre Gäste ruhig zweimal zugreifen können. Hier bleibt garantiert nichts übrig.

Nun müssen Sie sich nur noch entscheiden, mit welchen fantasievollen
Kreationen Sie Ihre Gäste überraschen möchten ...

Alle Rezepte sind einfach und gut nachvollziehbar beschrieben,
ausprobiert und gelingen sicher.

Küsschen-Torte
FÜR GÄSTE

ZUM VORBEREITEN: 200 g gemischte TK-Beerenfrüchte · 30 g gesiebter Puderzucker
FÜR DEN BISKUITTEIG: 1 Ei (Größe M) · 1 EL heißes Wasser · 40 g Zucker · 1 Pck. Dr. Oetker Vanillin-Zucker · 30 g Weizenmehl · 1 TL Kakaopulver
FÜR DEN BELAG: 125 ml (⅛ l) Saft von den Beerenfrüchten · ½ Pck. Tortenguss, klar, ungezuckert · 1 Blatt weiße Gelatine · 250 g Schlagsahne · 1 Pck. Schoko-Haselnuss-Konfekt (5 Stück, 44 g) · evtl. 1–2 EL gehobelte Haselnusskerne

1 Zum Vorbereiten Beerenfrüchte mit Puderzucker bestreuen und auftauen lassen. Den Saft dabei auffangen.

2 Den Backofen vorheizen.
Ober-/Unterhitze: etwa 180 °C
Heißluft: etwa 160 °C

3 Für den Teig Ei und heißes Wasser mit Handrührgerät mit Rührbesen auf höchster Stufe in 1 Minute schaumig schlagen. Zucker und Vanillin-Zucker langsam einstreuen, dann noch 1 Minute weiterschlagen.

4 Mehl mit Kakao mischen und vorsichtig kurz unter die Eimasse rühren. Den Teig in eine Springform (Ø 18 cm, Boden gefettet, mit Backpapier belegt) füllen und glatt streichen. Die Form auf dem Rost in den vorgeheizten Backofen schieben. Den Boden 10–12 Minuten backen.

5 Den Biskuitboden aus der Form lösen, auf einen mit Backpapier belegten Kuchenrost stürzen und erkalten lassen. Mitgebackenes Backpapier abziehen. Den Biskuitboden auf eine Tortenplatte legen und einen Tortenring oder den gesäuberten Springformrand darumstellen.

6 Für den Belag Beerensaft abmessen und evtl. mit Wasser auf 125 ml (⅛ l) ergänzen. Einen Tortenguss aus Tortengusspulver und dem Saft nach Packungsanleitung, aber ohne Zucker zubereiten. Die Beeren vorsichtig unterheben. Beerenmasse auf dem Tortenboden verteilen und erkalten lassen.

7 Die Gelatine nach Packungsanleitung einweichen. Anschließend die Sahne steif schlagen. Das Konfekt klein hacken. Die Gelatine leicht ausdrücken und in einem kleinen Topf bei schwacher Hitze unter Rühren auflösen. Aufgelöste Gelatine mit etwa 2 Esslöffeln von der Sahne verrühren, dann die Mischung unter die restliche Sahne rühren. Das gehackte Konfekt unterheben.

8 Die Konfekt-Sahne kuppelförmig auf die Beerenmasse geben und glatt streichen. Die Tortenoberfläche nach Belieben mit einer Gabel verzieren. Die Torte zugedeckt etwa 2 Stunden in den Kühlschrank stellen.

9 Evtl. die Haselnusskerne in einer Pfanne ohne Fett goldbraun rösten, auf einem Teller erkalten lassen und vor dem Servieren auf die Torte streuen.

Panna-Cotta-Torte

FÜR GÄSTE

FÜR DEN KNETTEIG: 80 g Weizenmehl · 1 Msp. Dr. Oetker Backin · 30 g abgezogene, gemahlene Mandeln · 30 g Zucker · 1 Pck. Dr. Oetker Vanillin-Zucker · 50 g Butter oder Margarine · 1 EL kaltes Wasser
FÜR DEN BELAG: 2 Blatt weiße Gelatine · 150 g Erdbeeren · 20 g Zucker
FÜR DIE CREME: 4 Blatt weiße Gelatine · 1 Bio-Zitrone (unbehandelt, ungewachst) · 450 g Schlagsahne · 1 Stange Zimt · 50 g Zucker · ½ Pck. Dr. Oetker Bourbon-Vanille-Zucker
ZUM GARNIEREN: einige Minze- oder Verbeneblätter

1 Den Backofen vorheizen.
Ober-/Unterhitze: etwa 200 °C
Heißluft: etwa 180 °C

2 Für den Teig Mehl mit Backpulver in einer Rührschüssel mischen. Restliche Zutaten hinzufügen und mit Handrührgerät mit Knethaken zunächst kurz auf niedrigster, dann auf höchster Stufe gut durcharbeiten. Anschließend den Teig auf der leicht bemehlten Arbeitsfläche kurz verkneten. Sollte er kleben, ihn in Frischhaltefolie gewickelt eine Zeit lang in den Kühlschrank legen.

3 Die Hälfte des Teiges auf einem Springformboden (Ø 18 m, gefettet) ausrollen und mehrfach mit einer Gabel einstechen. Den Springformrand darumstellen. Den restlichen Teig zu einer etwa 50 cm langen Rolle formen und so an den Rand der Form drücken, dass ein etwa 3 cm hoher Teigrand entsteht. Die Form auf dem Rost in den vorgeheizten Backofen schieben. Den Tortenboden etwa 20 Minuten backen.

4 Die Springform auf einen Kuchenrost stellen. Den Springformrand nach etwa 10 Minuten vorsichtig lösen und entfernen. Den Tortenboden auf dem Kuchenrost auf dem Springformboden erkalten lassen.

5 Für den Belag Gelatine nach Packungsanleitung einweichen. Erdbeeren abspülen, abtropfen lassen, entstielen und mit dem Zucker pürieren. Die Gelatine leicht ausdrücken und in einem kleinen Topf bei schwacher Hitze unter Rühren auflösen. Erdbeerpüree nach und nach unter die Gelatine rühren.

6 Den Tortenboden mit einer Palette vorsichtig vom Springformboden lösen und auf eine Tortenplatte legen. Von der Erdbeermasse 4 Esslöffel in einen kleinen Gefrierbeutel füllen, den Beutel verschließen und bei Zimmertemperatur aufbewahren. Restliche Erdbeermasse auf dem Tortenboden verstreichen. Den Tortenboden für etwa 40 Minuten in den Kühlschrank stellen.

7 Für die Creme inzwischen Gelatine nach Packungsanleitung einweichen. Die Zitrone heiß abspülen, trocken tupfen und mit einem Sparschäler 4 dünne Streifen Schale abschälen. Sahne mit Zitronenschale, Zimt und Zucker in einem Topf aufkochen und unter Rühren bei schwacher Hitze etwa 5 Minuten ziehen lassen.

8 Den Topf von der Kochstelle nehmen, Gelatine leicht ausdrücken und mit dem Vanille-Zucker unter die Sahne rühren, bis sie aufgelöst ist. Die Masse unter gelegentlichem Rühren abkühlen lassen. Zitronenschale und Zimt entfernen. Die kalte, aber noch flüssige Sahnemasse vorsichtig auf dem Tortenboden verteilen. Die Torte mindestens 3 Stunden in den Kühlschrank stellen.

9 Gefrierbeutel mit der Erdbeermasse etwas durchkneten und eine kleine Ecke abschneiden. 10–12 Erdbeerkleckse auf die Torte spritzen und fest werden lassen. Die Torte mit Minze- oder Verbeneblättern garnieren. Die Torte mit einem Sägemesser in Stücke schneiden.

Tipps: Sollte die Erdbeermasse im Gefrierbeutel fest geworden sein, den geschlossenen Beutel kurz in warmes Wasser tauchen, bis die Masse wieder geschmeidig ist.
Anstelle von frischen Erdbeeren können Sie auch TK-Erdbeeren verwenden. Die Erdbeeren sollten aufgetaut sein und der Erdbeersaft, der sich beim Auftauen bildet, wird mitpüriert.

Raffael-Torte
RAFFINIERT

FÜR DEN RÜHRTEIG: 30 g Kokosraspel · 1 Eiweiß (Größe M) · 1 Prise Salz · 1 Pck. Dr. Oetker Vanillin-Zucker · 50 g weiche Butter oder Margarine · 50 g Zucker · 1 Eigelb (Größe M) · 50 g Weizenmehl · 1 gestr. TL Dr. Oetker Backin · 2 EL Milch
FÜR DEN BELAG: 1 Dose Aprikosenhälften (Abtropfgewicht 240 g) · 50 g Aprikosenkonfitüre · 8 Kugeln Kokos-Konfekt · 1 Pck. Dr. Oetker Sahnesteif · 1 EL Puderzucker · 300 g Schlagsahne
ZUM GARNIEREN: 20 g Kokosraspel · flüssige gelbe Speisefarbe · 8 Kugeln Kokos-Konfekt

1 **Für den Teig** die Kokosraspel in einer Pfanne ohne Fett unter Rühren bei schwacher Hitze leicht rösten. Kokosraspel auf einen Teller geben und erkalten lassen. Den Backofen vorheizen.
Ober-/Unterhitze: etwa 180 °C
Heißluft: etwa 160 °C

2 Eiweiß und Salz in einen Rührbecher geben und steif schlagen, Vanillin-Zucker dazugeben und weiterschlagen, bis der Eischnee glänzt.

3 Die Butter oder Margarine in einer Rührschüssel mit Handrührgerät mit Rührbesen auf höchster Stufe geschmeidig rühren. Zucker nach und nach unterrühren. So lange rühren, bis eine gebundene Masse entstanden ist. Eigelb unterrühren.

4 Mehl mit Backpulver mischen, mit den Kokosraspeln und der Milch auf mittlerer Stufe kurz unterrühren. Eischnee unterheben. Den Teig in eine Springform (Ø 18 cm, Boden mit Backpapier belegt) füllen und glatt streichen. Die Form auf dem Rost in den vorgeheizten Backofen schieben. Den Boden etwa 25 Minuten backen.

5 Die Springform für 10 Minuten auf einen Kuchenrost stellen. Den Tortenboden aus der Form lösen und auf einen mit Backpapier belegten Kuchenrost stürzen. Den Tortenboden erkalten lassen. Mitgebackenes Backpapier entfernen, den Tortenboden umdrehen und auf eine Tortenplatte legen.

6 **Für den Belag** Aprikosenhälften in einem Sieb abtropfen lassen. Die Konfitüre kurz aufkochen und auf den Boden streichen. 8 Aprikosenhälften zum Garnieren beiseitelegen, restliche Aprikosenhälften mit der Schnittfläche nach unten auf dem Tortenboden verteilen. Einen Tortenring oder den gesäuberten Springformrand um den Tortenboden stellen.

7 Das Konfekt grob hacken. Sahnesteif und Puderzucker mischen, die Sahne damit steif schlagen. Klein geschnittenes Konfekt unter die Sahne heben. Die Sahnecreme auf den Aprikosen verteilen und wellenartig verstreichen. Die Torte mindestens 1 Stunde in den Kühlschrank stellen.

8 **Zum Garnieren** Kokosraspel mit Speisefarbe in einen Gefrierbeutel füllen und durchkneten, bis die Raspel gelb sind. Den Tortenring oder Springformrand vorsichtig lösen und entfernen. Kokosraspel mit einem Messer leicht an den Tortenrand drücken.

9 Beiseitegelegte Aprikosenhälften mit der runden Seite nach unten kranzförmig auf die Torte legen, mit je 1 Kugel Kokos-Konfekt füllen. Die Torte in 8 Stücke schneiden.

Tipp: Wenn Sie Speisefarbenpulver verwenden möchten, das Pulver mit etwa ½ Teelöffel Wasser anrühren und die Kokosraspel damit mischen.

Marshmallow-Erdbeer-Torte

OHNE BACKEN

FÜR DEN BODEN: 100 g Butterkekse · 70 g Butter · 1 EL Zucker · 40 g Vollmilch-Schokolade
FÜR DEN BELAG: 500 g kleine Erdbeeren · 3 Blatt weiße Gelatine ·
1 Pck. (150 g) weiße Mini-Marshmallows ·
1–2 EL Zitronensaft · 300 g Schlagsahne ·
1 Pck. Dr. Oetker Sahnesteif

1 Für den Boden Butterkekse in einen Gefrierbeutel geben. Den Beutel verschließen und die Butterkekse mit einer Teigrolle fein zerbröseln. Keksbrösel in eine Schüssel geben. Butter zerlassen, mit dem Zucker zu den Bröseln geben und verrühren. Einen Springformrand (Ø 18 cm) auf einen mit Backpapier belegten flachen Teller stellen. Die Bröselmasse darin verteilen und mit einem Teelöffel fest andrücken. Den Bröselboden etwa 30 Minuten in den Kühlschrank stellen.

2 Schokolade in Stücke brechen und in einem kleinen Topf im Wasserbad bei schwacher Hitze unter Rühren schmelzen. Schokolade auf den Bröselboden geben und mit einem Teelöffel verstreichen. Den Bröselboden nochmals in den Kühlschrank stellen. Die Schokolade fest werden lassen.

3 Für den Belag Erdbeeren abspülen, abtropfen lassen und entstielen. 8 Erdbeeren zum Garnieren beiseitelegen und 150 g Erdbeeren pürieren. Die restlichen Erdbeeren mit der Spitze nach oben auf dem Bröselboden verteilen, dabei rundherum einen etwa 1 cm breiten Rand frei lassen.

4 Gelatine nach Packungsanleitung einweichen. Die Hälfte der Mini-Marshmallows (75 g) mit Zitronensaft und Erdbeerpüree in einen kleinen Topf geben und unter ständigem Rühren bei schwacher Hitze schmelzen.

5 Gelatine leicht ausdrücken, dazugeben und unter Rühren auflösen. Die Erdbeermasse etwa 15 Minuten in den Kühlschrank stellen.

6 200 g von der Sahne steif schlagen und unter die Erdbeermasse heben. Die Hälfte der restlichen Mini-Marshmallows unterheben. Die Masse auf die Erdbeeren in den Springformrand geben. Die restlichen Mini-Marshmallows darauf verteilen und leicht andrücken. Die Torte zugedeckt mindestens 3 Stunden kalt stellen.

7 Vor dem Servieren den Springformrand lösen und entfernen. Die restliche Sahne (100 g) mit Sahnesteif steif schlagen und an den Tortenrand streichen. Die beiseitegelegten Erdbeeren durchschneiden und auf die Torte legen.

Feuerwehrkuchen
FÜR KINDER

FÜR DEN KNETTEIG: 80 g Weizenmehl · 1 Msp. Dr. Oetker Backin · 30 g Zucker ·
1 Prise Salz · 1 EL Milch · 50 g Butter oder Margarine
FÜR DEN BELAG: 1 Glas Sauerkirschen (Abtropfgewicht 350 g) ·
1 Pck. Dr. Oetker Pudding-Pulver Vanille-Geschmack · 3 EL Zucker · 250 ml (¼ l) Milch
FÜR DIE STREUSEL: 40 g Weizenmehl · 30 g Zucker · 1 Pck. Dr. Oetker Vanillin-Zucker ·
50 g gemahlene Haselnusskerne · 70 g Butter oder Margarine
ZUM BESTÄUBEN UND SERVIEREN: etwas Puderzucker · 200 g Schlagsahne ·
1 Pck. Dr. Oetker Sahnesteif

1 Den Backofen vorheizen.
Ober-/Unterhitze: etwa 180 °C
Heißluft: etwa 160 °C

2 Für den Knetteig Mehl mit Backpulver in einer Rührschüssel mischen. Zucker, Salz, Milch und Butter oder Margarine hinzufügen und alles mit Handrührgerät mit Knethaken zunächst kurz auf niedrigster, dann auf höchster Stufe gut durcharbeiten. Den Teig auf der leicht bemehlten Arbeitsfläche kurz verkneten. Sollte er kleben, den Teig in Frischhaltefolie gewickelt eine Zeit lang in den Kühlschrank legen.

3 Den Teig auf einem Springformboden (Ø 18 cm, gefettet) ausrollen und mit einer Gabel mehrfach einstechen. Den Springformrand darumstellen. Die Springform auf dem Rost in den vorgeheizten Backofen schieben. Den Boden etwa 10 Minuten vorbacken.

4 Für den Belag Sauerkirschen in einem Sieb gut abtropfen lassen. Aus Pudding-Pulver, Zucker und der Milch nach Packungsanleitung, aber nur mit 250 ml (¼ l) Milch einen Pudding zubereiten. Die Kirschen unterheben.

5 Für die Streusel Mehl in eine Rührschüssel geben, mit Zucker, Vanillin-Zucker und gemahlenen Haselnusskernen mischen. Butter oder Margarine hinzufügen. Die Zutaten mit Handrührgerät mit Rührbesen zunächst kurz auf niedrigster, dann auf höchster Stufe zu Streuseln von gewünschter Größe verarbeiten.

6 Kirsch-Pudding-Masse auf den heißen, vorgebackenen Boden in die Form geben und glatt streichen. Streusel auf der Kirsch-Pudding-Masse verteilen. Die Form auf dem Rost in den vorgeheizten Backofen schieben. Den Kuchen bei gleicher Backtemperatur etwa 45 Minuten backen.

7 Die Springform auf einen Kuchenrost stellen. Den Springformrand vorsichtig lösen und entfernen. Den Kuchen erkalten lassen.

8 Den Kuchen auf eine Tortenplatte setzen und mit Puderzucker bestäuben. Den Kuchen nach Belieben mit steif geschlagener Sahne servieren.

Feigentorte mit Wodka

MIT ALKOHOL

FÜR DEN KNETTEIG: 150 g Weizenmehl · 50 g Zucker · 80 g Butter oder Margarine
FÜR DIE STREUSEL: 50 g Weizenmehl · 30 g Zucker · 40 g Butter · 1 EL kaltes Wasser
FÜR DIE CREME: 4 Blatt weiße Gelatine · 200 g Doppelrahm-Frischkäse ·
150 g Joghurt · 40 g Zucker · 200 g Schlagsahne
ZUM BELEGEN UND BESTÄUBEN: 4 reife Feigen (je etwa 50 g) ·
3 EL Kleiner Feigling (Wodka mit Feige) · evtl. Puderzucker

1 Den Backofen vorheizen.
Ober-/Unterhitze: etwa 180 °C
Heißluft: etwa 160 °C

2 Für den Knetteig Mehl in eine Rührschüssel geben. Zucker und Butter dazugeben und alles mit Handrührgerät mit Knethaken erst kurz auf niedrigster, dann auf höchster Stufe gut durcharbeiten. Anschließend den Teig auf der leicht bemehlten Arbeitsfläche kurz verkneten. Sollte er kleben, den Teig in Frischhaltefolie gewickelt eine Zeit lang in den Kühlschrank legen.

3 Den Teig dritteln. Auf der leicht bemehlten Arbeitsfläche 3 Böden (Ø je 18 cm) ausrollen, auf zwei Backbleche (mit Backpapier belegt) verteilen und mit einer Gabel mehrfach einstechen.

4 Für die Streusel alle Zutaten in eine Rührschüssel geben, mit Handrührgerät mit Rührbesen zu feinen Streuseln verarbeiten und auf den Böden verteilen. Die Backbleche nacheinander (bei Heißluft zusammen) in den vorgeheizten Backofen schieben und jeden Boden etwa 15 Minuten backen.

5 Die Backbleche auf Kuchenroste stellen, die Tortenböden auf den Backblechen erkalten lassen.

6 Für die Creme Gelatine nach Packungsanleitung einweichen. Frischkäse mit Joghurt und Zucker verrühren. Gelatine leicht ausdrücken und in einem kleinen Topf bei schwacher Hitze unter Rühren auflösen. Den Topf von der Kochstelle nehmen. Etwa 4 Esslöffel von der Frischkäsemasse unter die Gelatine rühren, dann die Mischung unter die restliche Frischkäsemasse rühren und in den Kühlschrank stellen.

7 Zum Belegen inzwischen 2 Feigen schälen, in Würfel schneiden und mit „Kleiner Feigling" mischen. Sobald die Frischkäsemasse beginnt dicklich zu werden, die Sahne steif schlagen und unter die Frischkäsemasse heben. Die Hälfte der Creme in einen Spritzbeutel mit Lochtülle (Ø 10 mm) füllen.

8 Einen Tortenboden auf eine Tortenplatte legen. Creme in großen Tupfen auf den Tortenboden spritzen. Die eingelegten Feigenwürfel darauf verteilen.

9 Den zweiten Boden darauflegen und leicht andrücken. Die restliche Creme in den Spritzbeutel füllen und in großen Tupfen aufspritzen. Den dritten Tortenboden in kleine Stücke brechen und auf der Torte verteilen. Die Torte mindestens 1 Stunde in den Kühlschrank stellen.

10 Die restlichen Feigen schälen und in Spalten schneiden. Die Torte kurz vor dem Servieren mit den Feigenspalten garnieren und evtl. mit Puderzucker bestäuben.

Tipps: Vom dritten Tortenboden die Hälfte abnehmen, zerbröseln, mit 1–2 Esslöffeln „Kleiner Feigling" mischen und zusätzlich auf die Creme des unteren Tortenbodens streuen. Anstelle von Wodka mit Feige können Sie auch Likör mit Fruchtgeschmack, z. B. Orange oder Pfirsich, und die entsprechenden Früchte verwenden.

Nuss-Nougat-Torte mit Pfirsichen

FRUCHTIG

ZUM VORBEREITEN: 250 g Schlagsahne · 70 g Nuss-Nougat-Schokolade
FÜR DEN RÜHRTEIG: 3 Eiweiß (Größe M) · 1 Prise Salz · 1 Pck. Dr. Oetker Vanillin-Zucker · 50 g weiche Butter oder Margarine · 50 g Zucker · 3 Eigelb (Größe M) · 100 g gemahlene Haselnusskerne · 30 g gehobelte Haselnusskerne · ½ gestr. TL Dr. Oetker Backin
FÜR DIE FÜLLUNG: 1 Dose Pfirsichhälften (Abtropfgewicht 240 g) · 1 Pck. Dr. Oetker Sahnesteif · 1 EL Puderzucker
ZUM GARNIEREN: 30 g Nuss-Nougat-Schokolade

1 **Zum Vorbereiten** die Sahne in einem Topf unter Rühren kurz aufkochen lassen, dann von der Kochstelle nehmen. Die Schokolade in Stücke brechen und unter Rühren in der Sahne schmelzen lassen. Schokosahne in eine Rührschüssel füllen, abkühlen lassen und zugedeckt mindestens 8 Stunden (am besten über Nacht) in den Kühlschrank stellen.

2 Den Backofen vorheizen.
Ober-/Unterhitze: etwa 180 °C
Heißluft: etwa 160 °C

3 **Für den Teig** Eiweiß mit Salz in einem Rührbecher steif schlagen, Vanillin-Zucker dazugeben und so lange rühren, bis der Eischnee glänzt.

4 Die Butter oder Margarine in einer Rührschüssel mit Handrührgerät mit Rührbesen auf höchster Stufe geschmeidig rühren. Nach und nach den Zucker unterrühren. So lange rühren, bis eine gebundene Masse entstanden ist. Eigelb nach und nach unterrühren.

5 Gemahlene und gehobelte Haselnusskerne mit Backpulver mischen und auf mittlerer Stufe kurz unterrühren. Eischnee unterheben. Den Teig in eine Springform (Ø 18 cm, Boden gefettet, mit Backpapier belegt) füllen und glatt streichen. Die Form auf dem Rost in den vorgeheizten Backofen schieben und den Boden etwa 25 Minuten backen.

6 Den Tortenboden aus der Form lösen, auf einen mit Backpapier belegten Kuchenrost stürzen und erkalten lassen. Anschließend mitgebackenes Backpapier abziehen und den Tortenboden einmal waagerecht durchschneiden. Den unteren Tortenboden auf eine Tortenplatte legen.

7 **Für die Füllung** die Pfirsichhälften in einem Sieb abtropfen lassen und in dünne Spalten schneiden. Die Hälfte der Pfirsichspalten von der Mitte aus fächerartig auf den unteren Tortenboden legen.

8 Sahnesteif und Puderzucker mischen, die Nuss-Nougat-Sahne damit steif schlagen. Die Hälfte der Sahne auf den unteren Tortenboden geben, und mit einem Löffel verstreichen, dabei rundherum einen 1 cm breiten Rand lassen.

9 Den oberen Boden darauflegen und leicht andrücken. Die restliche Nuss-Nougat-Sahne daraufgeben und mit einem Löffel verstreichen. Restliche Pfirsichspalten darauf verteilen. Die Torte mindestens 3 Stunden in den Kühlschrank stellen.

10 **Zum Garnieren** von der Schokolade mit einem Sparschäler „Locken" abhobeln und auf der Torte verteilen.

Tipp: Für eine Torte mit marmorierter Nougatsahne die Schokolade in Stücke brechen und in einem keinen Topf im Wasserbad bei schwacher Hitze unter Rühren schmelzen. Die Schokolade aus dem Wasserbad nehmen und etwas abkühlen lassen. Inzwischen Sahnesteif mit Puderzucker mischen und die Sahne damit nicht ganz steif schlagen. Die Sahne esslöffelweise mit einem Teigschaber oder einem Löffel (nicht mit den Rührbesen) unter die Schokolade heben, sodass eine marmorierte Creme entsteht. Dann wie beschrieben verarbeiten.

Bounty-Torte

RAFFINIERT

FÜR DEN RÜHRTEIG: 100 g weiche Butter oder Margarine · 80 g Zucker · 1 Pck. Dr. Oetker Vanillin-Zucker · 2 Eier (Größe M) · 170 g Weizenmehl · 1 gestr. TL Dr. Oetker Backin · 1 Pck. Bounty® (235 g, 9 Riegel)
ZUM BETRÄUFELN: 1 Bio-Limette (unbehandelt, ungewachst) · 1 EL Puderzucker
ZUM VERZIEREN UND GARNIEREN: 125 g Schlagsahne · 1 Pck. Dr. Oetker Sahnesteif · 30 g gesiebter Puderzucker · 1 Pck. Dr. Oetker Vanillin-Zucker · 70 g Schmand (Sauerrahm) oder Crème fraîche · evtl. 1 Bounty®-Riegel

1 Den Backofen vorheizen.
Ober-/Unterhitze: etwa 180 °C
Heißluft: etwa 160 °C

2 Für den Teig Butter oder Margarine mit Handrührgerät mit Rührbesen auf höchster Stufe geschmeidig rühren. Nach und nach Zucker und Vanillin-Zucker unterrühren. So lange rühren, bis eine gebundene Masse entstanden ist. Die Eier nach und nach unterrühren (jedes Ei etwa ½ Minute).

3 Mehl mit Backpulver mischen und in 2 Portionen auf mittlerer Stufe kurz unterrühren. Zwei Drittel des Teiges in eine Springform (Ø 18 cm, gefettet) füllen und glatt streichen. Die Bounty®-Riegel kranzförmig auf dem Teig verteilen, restlichen Teig daraufgeben und verstreichen. Die Form auf dem Rost in den vorgeheizten Backofen schieben. Den Boden 35–40 Minuten backen.

4 Zum Beträufeln inzwischen die Limette heiß abspülen und abtrocknen. Die Hälfte der Schale fein abreiben und beiseitestellen. Die Limette auspressen. Den Limettensaft mit Puderzucker verrühren.

5 Den Boden aus der Form lösen, auf einen mit Backpapier belegten Kuchenrost stürzen und wieder umdrehen. Den heißen Boden mit einem Holzstäbchen mehrfach einstechen und mit dem angerührten Limettensaft beträufeln. Den Boden erkalten lassen.

6 Sahne mit Sahnesteif, Puderzucker und Vanillin-Zucker steif schlagen. Schmand oder Crème fraîche und beiseitegestellte Limettenschale kurz unterrühren. Die Creme in einen Spritzbeutel mit großer Lochtülle füllen.

7 Auf der Tortenoberfläche 8 Tortenstücke markieren. Auf jedes Tortenstück hintereinander jeweils einen großen und einen kleinen Sahnetupfen spritzen. Die Torte etwa 1 Stunde in den Kühlschrank stellen.

8 Vor dem Servieren die Torte evtl. mit einem in Scheiben geschnittenen Bounty®-Riegel garnieren.

® Registered trademark of MARS.

Waffel-Charlotte
FÜR GÄSTE

FÜR DEN RÜHRTEIG: 60 g weiche Butter oder Margarine · 40 g Zucker · 1 Prise Salz ·
1 Ei (Größe M) · 75 g Weizenmehl · 1 TL Speisestärke · ½ gestr. TL Dr. Oetker Backin
FÜR DEN RAND: 10–11 Waffel-Schokoriegel
FÜR DEN FRUCHTBELAG: 3 Blatt weiße Gelatine · 1 Dose Pfirsichhälften (Abtropfgewicht 240 g) ·
5 EL (60 ml) Pfirsichsaft aus der Dose · 1 EL Zucker
FÜR DEN CREMEBELAG: 50 g Nuss-Nougat · 5 Waffel-Schokoriegel · 30 g Puderzucker ·
1 Pck. Dr. Oetker Sahnesteif · 300 g Schlagsahne

1 Den Backofen vorheizen.
Ober-/Unterhitze: etwa 180 °C
Heißluft: etwa 160 °C

2 Für den Teig Butter oder Margarine mit Handrührgerät mit Rührbesen auf höchster Stufe geschmeidig rühren. Nach und nach Zucker und Salz unterrühren. So lange rühren, bis eine gebundene Masse entstanden ist. Das Ei etwa ½ Minute unterrühren. Mehl mit Speisestärke und Backpulver mischen und kurz auf mittlerer Stufe unterrühren. Teig in eine Springform (Ø 18 cm, Boden gefettet) füllen und glatt streichen. Die Form auf dem Rost in den vorgeheizten Backofen schieben. Den Tortenboden etwa 20 Minuten backen.

3 Den Tortenboden aus der Form lösen, auf einen mit Backpapier belegten Kuchenrost stürzen und erkalten lassen. Anschließend den Tortenboden wieder umdrehen, auf eine Tortenplatte legen und einen Tortenring oder den gesäuberten Springformrand darumstellen.

4 Für den Rand die Waffel-Schokoriegel mit einem Sägemesser exakt halbieren und mit der flachen Seite nach innen in den Springformrand stellen.

5 Für den Fruchtbelag Gelatine nach Packungsanleitung einweichen. Pfirsiche abtropfen lassen, dabei Saft auffangen und 5 Esslöffel davon abmessen. Pfirsiche mit Zucker und abgemessenem Pfirsichsaft pürieren. Gelatine leicht ausdrücken und in einem kleinen Topf bei schwacher Hitze unter Rühren auflösen.

6 Etwa 4 Esslöffel Pfirsichpüree unter die Gelatine rühren, dann die Mischung unter das restliche Püree rühren. Die Pfirsichmasse in den Kühlschrank stellen. Sobald die Masse beginnt dicklich zu werden, die Masse auf den Tortenboden geben und glatt streichen. Den Tortenboden in den Kühlschrank stellen.

7 Für den Cremebelag Nougat in Stücke schneiden und in einem kleinen Topf im Wasserbad bei schwacher Hitze unter Rühren schmelzen lassen. 1 Esslöffel aufgelösten Nougat in einen kleinen Gefrierbeutel füllen, den Beutel verschließen und beiseitelegen.

8 Restliche Nougatmasse etwas abkühlen lassen. Die Waffel-Schokoriegel in kleine Stücke schneiden. Puderzucker mit Sahnesteif mischen. Sahne damit nicht ganz steif schlagen. Nacheinander Nougat und klein geschnittene Waffel-Schokoriegel unter die Sahne heben. Die Nougatsahne leicht kuppelförmig auf das Pfirsichpüree streichen.

9 Die Torte mit dem beiseitegelegten Nougat aus dem Beutel verzieren und etwa 3 Stunden in den Kühlschrank stellen. Den Tortenring oder Springformrand lösen und entfernen.

Tipp: Wenn Sie den Tortenboden füllen möchten, den Tortenboden waagerecht halbieren, die untere Hälfte auf eine Tortenplatte legen und einen Tortenring oder den gesäuberten Springformrand darumstellen. Den Fruchtbelag zubereiten wie unter Punkt 5 und 6 beschrieben, auf den unteren Tortenboden geben, glatt streichen und im Kühlschrank fest werden lassen. Die obere Hälfte des Tortenbodens darauflegen. Dann die Torte wie beschrieben fertig stellen.

ZUBEREITUNGSZEIT: 40 MINUTEN, OHNE KÜHLZEIT · BACKZEIT: ETWA 20 MINUTEN
INSGESAMT: E: 47 G, F: 259 G, KH: 386 G, KJ: 17207, KCAL: 4108, BE: 32,0

Froschkönig-Torte
FÜR KINDER

FÜR DEN BISKUITTEIG: 2 Eier (Größe M) · 1 EL heißes Wasser · 30 g Zucker ·
1 Pck. Dr. Oetker Vanillin-Zucker · 50 g Weizenmehl · 1 Msp. Dr. Oetker Backin
FÜR DIE FÜLLUNG: 3 Blatt weiße Gelatine · ½ Glas Stachelbeeren (Abtropfgewicht 195 g) · 1 EL Zitronensaft ·
50 ml Waldmeistersirup · 100 g Doppelrahm-Frischkäse · 50 ml Stachelbeersaft aus dem Glas · 100 g Schlagsahne
ZUM BESTREICHEN UND GARNIEREN: 200 g Schlagsahne · 1 Pck. Dr. Oetker Vanillin-Zucker ·
1 Becher (125 g) Götterspeise Waldmeister-Geschmack · etwa 8 Fruchtgummifrösche

1 Den Backofen vorheizen.
Ober-/Unterhitze: etwa 200 °C
Heißluft: etwa 180 °C

2 Für den Teig Eier und heißes Wasser mit Handrührgerät mit Rührbesen auf höchster Stufe in 1 Minute schaumig schlagen. Zucker und Vanillin-Zucker in 1 Minute einstreuen, dann noch 2 Minuten weiterschlagen.

3 Mehl mit Backpulver mischen, auf die Eiercreme geben und kurz auf niedrigster Stufe unterrühren. Den Teig in eine Springform (Ø 18 cm, Boden gefettet, mit Backpapier belegt) geben und glatt streichen. Die Form in den vorgeheizten Backofen schieben. Den Boden 12–15 Minuten backen.

4 Den Biskuitboden aus der Form lösen, auf einen mit Backpapier belegten Kuchenrost stürzen und abkühlen lassen. Mitgebackenes Backpapier abziehen.

5 Für die Füllung Gelatine nach Packungsanleitung einweichen. Stachelbeeren in einem Sieb abtropfen lassen, den Saft dabei auffangen und 50 ml davon abmessen. Zitronensaft mit Waldmeistersirup, Frischkäse und dem abgemessenen Stachelbeersaft verrühren.

6 Gelatine leicht ausdrücken und in einem kleinen Topf bei schwacher Hitze unter Rühren auflösen. Aufgelöste Gelatine mit etwa 4 Esslöffeln von der Frischkäsemasse verrühren, dann die Mischung unter die restliche Frischkäsemasse rühren. Die Frischkäsemasse in den Kühlschrank stellen. Den Biskuitboden einmal waagerecht durchschneiden.

7 Sobald die Frischkäsemasse beginnt dicklich zu werden, Sahne steif schlagen und unterheben.

8 Den gesäuberten Springformrand oder einen kleinen Tortenring um den unteren Biskuitboden stellen. Den Biskuitboden mit Stachelbeeren belegen. Die Frischkäsecreme daraufstreichen. Den oberen Biskuitboden darauflegen und leicht andrücken.

9 Die Torte zugedeckt für etwa 2 Stunden in den Kühlschrank stellen.

10 Zum Bestreichen und Garnieren die Sahne mit Vanillin-Zucker steif schlagen. Die Hälfte der Sahne in einen Spritzbeutel mit großer Sterntülle füllen. Mit der restlichen Sahne die Torte rundherum einstreichen. An den oberen Tortenrand dicht aneinander kleine Sahnetupfen spritzen.

11 Die Götterspeise aus dem Becher stürzen, in Würfel schneiden und auf der Tortenoberfläche verteilen. Die Sahnetupfen mit den Fröschen garnieren.

Nusstorte mit Toffifee

RAFFINIERT

FÜR DEN BISKUITTEIG: 80 g gemahlene Haselnusskerne · 2 Eiweiß (Größe M) · 80 g Zucker · 2 Eigelb (Größe M) · 1 EL heißes Wasser · 30 g Weizenmehl · ½ gestr. TL Dr. Oetker Backin
FÜR DIE FÜLLUNG: 7 Stück Toffifee · 1 Pck. Dr. Oetker Sahnesteif · 1 EL Puderzucker · 250 g Schlagsahne · 20 g Zartbitter-Raspelschokolade
ZUM GARNIEREN: 150 g Schlagsahne · 1 EL Puderzucker · 1–2 EL Kakaopulver · 8 Stück Toffifee

1 Für den Teig die Haselnusskerne in einer Pfanne ohne Fett leicht rösten. Anschließend auf einem Teller erkalten lassen.

2 Den Backofen vorheizen.
Ober-/Unterhitze: etwa 180 °C
Heißluft: etwa 160 °C

3 Eiweiß steif schlagen, die Hälfte des Zuckers nach und nach dazugeben und so lange weiterschlagen, bis der Eischnee glänzt. Eigelb und Wasser mit dem restlichen Zucker mit Handrührgerät mit Rührbesen etwa 4 Minuten cremig schlagen. Den Eischnee unterheben.

4 Mehl mit Backpulver und den gerösteten Nusskernen mischen, hinzufügen und vorsichtig unterheben. Den Teig in eine Springform (Ø 18 cm, Boden gefettet, mit Backpapier belegt) füllen und glatt streichen. Die Form auf dem Rost in den vorgeheizten Backofen schieben. Den Tortenboden
25–30 Minuten backen.

5 Den Tortenboden aus der Form lösen, auf einen mit Backpapier belegten Kuchenrost stürzen und erkalten lassen. Anschließend mitgebackenes Backpapier abziehen und den erkalteten Tortenboden einmal waagerecht durchschneiden.

6 Für die Füllung Toffifee fein hacken. Sahnesteif mit Puderzucker mischen, die Sahne damit steif schlagen. Gehackte Toffifee und Raspelschokolade kurz unterrühren.

7 Den unteren Tortenboden auf eine Tortenplatte legen und mit zwei Dritteln der Toffifee-Sahne bestreichen. Den oberen Tortenboden darauflegen und leicht andrücken. Den Tortenrand mit der restlichen Toffifee-Sahne einstreichen.

8 Zum Garnieren Sahne mit Puderzucker in einen Rührbecher geben und steif schlagen. Die Sahne kuppelförmig auf die Torte geben und von der Mitte aus mit einem Löffel wellenartig nach außen streichen. Die Torte mindestens 2 Stunden in den Kühlschrank stellen. Dann die Torte mit Kakao bestäuben und mit Toffifee garnieren.

Herzchen-Torte
RAFFINIERT

FÜR DEN BISKUITTEIG: 1 Ei (Größe M) · 1 EL heißes Wasser · 50 g Zucker · 50 g Weizenmehl · 1 Msp. Dr. Oetker Backin
FÜR DEN BELAG: 1 Banane (etwa 180 g) · 1 EL Zitronensaft · 250 g Schlagsahne · 1 Pck. Dr. Oetker Sahnesteif · 1 EL gesiebter Puderzucker · je 40 g Vollmilch- und Zartbitter-Schokolade · 70 g weiche Butter · 30 g gesiebter Puderzucker
ZUM BESTREICHEN UND GARNIEREN: 100 g Schlagsahne · 8 Milka® Herzen · etwas Kakaopulver

1 Den Backofen vorheizen.
Ober-/Unterhitze: etwa 180 °C
Heißluft: etwa 160 °C

2 Für den Teig Ei und Wasser mit Handrührgerät mit Rührbesen auf höchster Stufe in 1 Minute schaumig schlagen. Zucker langsam einstreuen, dann noch 1 Minute weiterschlagen.

3 Mehl mit Backpulver mischen, auf die Eicreme geben und kurz auf niedrigster Stufe unterrühren. Den Teig in eine Springform (Ø 18 cm, gefettet, mit Backpapier belegt) füllen und glatt streichen. Die Form auf dem Rost in den vorgeheizten Backofen schieben. Den Boden etwa 20 Minuten backen.

4 Den Biskuitboden aus der Form lösen, auf einen mit Backpapier belegten Kuchenrost stürzen und erkalten lassen. Anschließend mitgebackenes Backpapier abziehen. Den Tortenboden auf eine Tortenplatte legen und einen Tortenring oder den gesäuberten Springformrand um den Tortenboden stellen.

5 Für den Belag die Banane schälen, längs halbieren und in etwa 3 cm lange Stücke schneiden. Die Bananenstücke mit Zitronensaft bestreichen und mit der glatten Seite nach unten auf dem Biskuitboden verteilen.

6 Sahnesteif mit 1 Esslöffel Puderzucker mischen und die Sahne damit steif schlagen. Sahne auf die Bananenstücke geben und glatt streichen. Die Torte zugedeckt etwa 40 Minuten in den Kühlschrank stellen.

7 Inzwischen die Schokolade grob zerkleinern und in einem kleinen Topf im Wasserbad bei schwacher Hitze unter Rühren schmelzen. Die Schokolade aus dem Wasserbad nehmen und etwas abkühlen lassen.

8 Butter mit Handrührgerät mit Rührbesen geschmeidig rühren. Puderzucker (30 g) nach und nach unterrühren. Die abgekühlte Schokolade unterrühren. Die Schokoladenmasse esslöffelweise auf der Sahne verteilen und vorsichtig glatt streichen. Die Torte mindestens 2 Stunden in den Kühlschrank stellen.

9 Zum Bestreichen und Garnieren die Sahne steif schlagen. Anschließend den Tortenring oder den Springformrand entfernen. Den Tortenrand mit der Hälfte der Sahne bestreichen. Die restliche Sahne in einen Spritzbeutel mit Lochtülle (Ø 10 mm) füllen und 8 Tupfen auf die Tortenoberfläche spritzen. Auf jeden Tupfen ein Schoko-Herz legen. Die Torte mit Kakao bestäuben.

® Registered trademark of Kraft Foods.

Lila Heidelbeer-Torte

SAHNIG

FÜR DEN BELAG: 1 Glas Wald-Heidelbeeren (Abtropfgewicht 125 g) · 1 EL abgezogene, gemahlene Mandeln
FÜR DEN RÜHRTEIG: 30 g weiße Schokolade · 70 g weiche Butter oder Margarine · 2 EL Zucker ·
1 Pck. Dr. Oetker Vanillin-Zucker · 1 Ei (Größe M) · 80 g Weizenmehl · ½ gestr. TL Dr. Oetker Backin
FÜR DIE CREME: 3 Blatt weiße Gelatine · 125 g Speisequark (20 % Fett i. Tr.) · 30 g Zucker ·
125 ml (⅛ l) Wald-Heidelbeersaft aus dem Glas · 125 g Schlagsahne
ZUM GARNIEREN: 1 Blatt weiße Gelatine · 70 ml Wald-Heidelbeersaft aus dem Glas ·
125 g Schlagsahne · 30 g weiße Schokolade (im Stück)

1 Für den Belag Heidelbeeren in einem Sieb abtropfen lassen, den Saft dabei auffangen (ergibt etwa 200 ml). Heidelbeeren mit den Mandeln verrühren. Den Backofen vorheizen.
Ober-/Unterhitze: etwa 180 °C
Heißluft: etwa 160 °C

2 Für den Teig Schokolade fein hacken. Butter oder Margarine mit Handrührgerät mit Rührbesen auf höchster Stufe geschmeidig rühren. Nach und nach Zucker und Vanillin-Zucker unterrühren. So lange rühren, bis eine gebundene Masse entstanden ist. Das Ei etwa ½ Minute unterrühren. Mehl mit Backpulver mischen und kurz auf mittlerer Stufe unterrühren. Zuletzt die Schokolade kurz unterrühren.

3 Den Teig in eine Springform (Ø 18 cm, Boden gefettet) füllen und glatt streichen. Die Heidelbeermasse esslöffelweise auf den Teig geben. Die Form auf dem Rost in den vorgeheizten Backofen schieben. Den Tortenboden etwa 35 Minuten backen.

4 Den Tortenboden aus der Form lösen, auf einen mit Backpapier belegten Kuchenrost legen und erkalten lassen. Den Tortenboden auf eine Tortenplatte legen und einen Tortenring oder den gesäuberten Springformrand darumstellen.

5 Für die Creme Gelatine nach Packungsanleitung einweichen. Quark mit Zucker und Heidelbeersaft verrühren. Gelatine leicht ausdrücken und in einem kleinen Topf bei schwacher Hitze unter Rühren auflösen. Etwa 4 Esslöffel Quarkmasse unterrühren. Dann die Mischung unter die restliche Quarkmasse rühren und in den Kühlschrank stellen.

6 Sobald die Quarkmasse beginnt dicklich zu werden, Sahne steif schlagen und unterheben. Die Quarkcreme auf den Tortenboden streichen. Die Torte mindestens 2 Stunden in den Kühlschrank stellen.

7 Zum Garnieren die Gelatine durchbrechen und mit dem Heidelbeersaft in einen kleinen Topf geben. Gelatine einweichen und anschließend unter Rühren in dem Saft erwärmen, bis sie aufgelöst ist. Die Flüssigkeit in einen kleinen Gefrierbeutel füllen. Den Beutel verschließen und in den Kühlschrank legen. Sobald die Flüssigkeit etwas fester ist, die Torte damit besprenkeln. Die Torte wieder in den Kühlschrank stellen, bis die Sprenkel fest geworden sind.

8 Die Torte aus dem Tortenring oder dem Springformrand lösen. Die Sahne steif schlagen, die Hälfte davon in einen Spritzbeutel mit Lochtülle (Ø 10 mm) füllen, mit der restlichen Sahne den Tortenrand einstreichen. 8 Tupfen Sahne auf die Torte spritzen. Von der Schokolade dünne Streifen abschaben und auf die Tupfen legen.

Apfelmus-Torte mit Schneehaube

DAUERT LÄNGER

FÜR DEN KNETTEIG: 120 g Weizenmehl · 1 Msp. Dr. Oetker Backin · 60 g Zucker ·
1 Eigelb (Größe M) · 80 g Butter oder Margarine
FÜR DEN BELAG: 250 g Apfelmus · 50 g gemahlene Haselnusskerne · 1 geh. EL Speisestärke (10 g) ·
1 Msp. Dr. Oetker Finesse Geriebene Zitronenschale · 1 Msp. gemahlener Zimt ·
1 Msp. gemahlener Ingwer · 1 Eigelb (Größe M) · 70 g Wild-Preiselbeeren
FÜR DIE SCHNEEHAUBE: 2 Eiweiß (Größe M) · 1 Prise Salz · 50 g Zucker ·
50 g gesiebter Puderzucker

1 Für den Knetteig Mehl mit Backpulver in einer Rührschüssel mischen. Restliche Zutaten hinzufügen und mit Handrührgerät mit Knethaken zunächst kurz auf niedrigster, dann auf höchster Stufe gut durcharbeiten.

2 Anschließend den Teig auf der leicht bemehlten Arbeitsfläche kurz verkneten. Sollte er kleben, den Teig in Frischhaltefolie gewickelt eine Zeit lang in den Kühlschrank stellen.
Den Backofen vorheizen.
Ober-/Unterhitze: etwa 200 °C
Heißluft: etwa 180 °C

3 Die Hälfte des Teiges auf einem Springformboden (Ø 18 cm, gefettet) ausrollen und mehrmals mit einer Gabel einstechen. Den Springformrand darumstellen.

4 Restlichen Teig auf der leicht bemehlten Arbeitsfläche zu einer etwa 50 cm langen Rolle formen und an den Rand der Springform drücken, sodass ein etwa 3 cm hoher Teigrand entsteht.

5 Für den Belag Apfelmus mit der Hälfte der Nusskerne, mit Speisestärke, Zitronenschale, Gewürzen und Eigelb verrühren. Restliche Nusskerne auf den Tortenboden streuen. Apfelmusmasse daraufgeben und glatt streichen.

6 Die Preiselbeeren in kleinen Klecksen darauf verteilen. Die Form auf dem Rost in den vorgeheizten Backofen schieben. Den Kuchen etwa 45 Minuten backen.

7 Nach Ende der Backzeit die Form auf einen Kuchenrost stellen. Eiweiß mit Salz steif schlagen. Zucker nach und nach dazugeben und so lange weiterschlagen, bis der Eischnee glänzt. Puderzucker nur kurz unterrühren. Den Eischnee wellenförmig auf die heiße Apfelmus-Nuss-Masse streichen.

8 Die Form wieder in den heißen Backofen schieben. Den Kuchen bei gleicher Backtemperatur weitere etwa 25 Minuten backen, bis der Eischnee hellbraun ist.

9 Die Form auf einen Kuchenrost stellen. Die Torte 10 Minuten abkühlen lassen. Dann den Springformrand lösen und entfernen. Die Torte auf dem Springformboden auf dem Kuchenrost erkalten lassen. Die erkaltete Torte auf eine Tortenplatte setzen und servieren.

Mousse-au-Cappuccino-Torte
OHNE BACKEN

FÜR DEN BODEN: 150 g Schoko-Cookies (Kekse mit Schokostücken) · 80 g Butter
FÜR DEN BELAG: 1 Pck. Mousse au Chocolat (Cremepulver) · 150 ml Milch · 100 g Schlagsahne ·
1 Pck. (10 g) Instant-Cappuccino-Pulver
ZUM VERZIEREN UND GARNIEREN: 125 g Schlagsahne · 1 EL gesiebter Puderzucker ·
etwa 4 dünne Schoko-Täfelchen ·
evtl. etwas Puderzucker oder Kakaopulver

1 **Für den Boden** die Schoko-Cookies in einen Gefrierbeutel geben, den Beutel verschließen und die Cookies mit einer Teigrolle fein zerbröseln. Die Brösel in eine Schüssel geben.

2 Die Butter schmelzen und mit den Bröseln verrühren. Einen Springformrand (Ø 18 cm) auf eine mit Backpapier belegte Platte stellen. Die Bröselmasse einfüllen und mit einem Löffel zu einem Tortenboden andrücken. Den Tortenboden in den Kühlschrank stellen.

3 **Für den Belag** das Cremepulver mit Milch und Sahne nach Packungsanleitung, aber mit den hier angegebenen Zutaten und dem Cappuccino-Pulver zubereiten. Die Creme auf den Tortenboden geben und glatt streichen. Die Torte etwa 1 Stunde in den Kühlschrank stellen.

4 Den Springformrand lösen und entfernen. Die Torte vom Backpapier auf eine Tortenplatte heben.

5 **Zum Verzieren und Garnieren** die Sahne mit Puderzucker steif schlagen, auf die Torte geben und mit einem Löffel auseinanderstreichen, dabei rundherum einen etwa 1 cm breiten Rand frei lassen.

6 Die Schoko-Täfelchen in Stücke brechen und auf der Sahne verteilen. Die Torte kurz vor dem Servieren nach Belieben mit Puderzucker oder Kakao bestäuben.

Abwandlung: Anstelle der Schoko-Cookies den Boden mit derselben Menge Waffelröllchen mit Schokolade zubereiten.

Tipp: Die Torte schmeckt gut gekühlt am besten.

Knusper-Torte

FÜR GÄSTE

FÜR DEN BISKUITTEIG: 1 Ei (Größe M) · 1 EL heißes Wasser · 40 g Zucker · 40 g Weizenmehl
FÜR DEN KNUSPERBELAG: 40 g Zucker · 20 g Butter · 40 g Cornflakes
FÜR DEN RÜHRTEIG: 30 g weiche Butter oder Margarine · 30 g Zucker · 1 Ei (Größe M) · 40 g Weizenmehl · 1 Msp. Dr. Oetker Backin
FÜR DIE FÜLLUNG: 50 g Choco Crossies® (Knusperpralinen) · 350 g Schlagsahne · 1 Pck. Dr. Oetker Sahnesteif · 2 EL gesiebter Puderzucker

1 Den Backofen vorheizen.
Ober-/Unterhitze: etwa 180 °C
Heißluft: etwa 160 °C

2 Für den Biskuitteig Ei und Wasser mit Handrührgerät mit Rührbesen auf höchster Stufe in 1 Minute schaumig schlagen. Zucker einstreuen und noch 1 Minute weiterschlagen.

3 Mehl auf die Eicreme geben und kurz auf niedrigster Stufe unterrühren. Den Teig in eine Springform (Ø 18 cm, Boden mit Backpapier belegt) geben und glatt streichen. Die Form auf dem Rost in den vorgeheizten Backofen schieben. Den Boden etwa 20 Minuten backen.

4 Den Biskuitboden aus der Form lösen, auf einen mit Backpapier belegten Kuchenrost stürzen und erkalten lassen. Anschließend mitgebackenes Backpapier abziehen.

5 Für den Belag den Zucker in einem Topf bei mittlerer Hitze hellbraun karamellisieren. Den Topf von der Kochstelle nehmen. Sofort Butter und Cornflakes in den Topf geben und mit dem Karamell verrühren. Die Knuspermasse auf einem Stück Backpapier verteilen und erkalten lassen.

6 Für den Rührteig Butter oder Margarine mit Handrührgerät mit Rührbesen auf höchster Stufe geschmeidig rühren. Zucker nach und nach unterrühren. So lange rühren, bis eine gebundene Masse entstanden ist. Das Ei etwa ½ Minute unterrühren.

7 Mehl mit Backpulver mischen und auf mittlerer Stufe kurz unterrühren. Den Teig in eine Springform (Ø 18 cm, Boden gefettet) füllen und glatt streichen. Den vorbereiteten Knusperbelag darauf verteilen. Die Form auf dem Rost in den vorgeheizten Backofen schieben. Den Boden etwa 20 Minuten backen.

8 Den Springformrand entfernen. Den noch warmen Knusperboden in 8 Tortenstücke schneiden und erkalten lassen.

9 Für die Füllung die Knusperpralinen fein hacken. Sahne mit Sahnesteif und Puderzucker steif schlagen. 3 Esslöffel der Sahne zum Bestreichen beiseitestellen. Gehackte Knusperpralinen unter die restliche Sahne heben.

10 Den Biskuitboden auf eine Tortenplatte legen. Die Sahnemasse kuppelförmig daraufstreichen. Den Tortenrand rundherum mit der beiseitegestellten Sahne einstreichen. Die Torte mindestens 1 Stunde kalt stellen.

11 Vor dem Servieren den in Stücke geschnittenen Knusperboden auf die Torte legen.

Sekttorte mit Trauben

MIT ALKOHOL

FÜR DEN RÜHRTEIG: 80 g weiche Butter oder Margarine · 70 g Zucker ·
½ Pck. Dr. Oetker Finesse Geriebene Zitronenschale · 1 Ei (Größe M) · 50 g Weizenmehl ·
20 g Speisestärke · ½ gestr. TL Dr. Oetker Backin · 1 EL Milch
FÜR DIE FÜLLUNG: 150 g kernlose grüne Weintrauben · 3 Blatt weiße Gelatine · 1 Becher (150 g) Crème fraîche ·
30 g Zucker · ½ Pck. Dr. Oetker Finesse Geriebene Zitronenschale · 125 ml (⅛ l) Sekt · 125 g Schlagsahne ·
ZUM GARNIEREN: 50 g kernlose grüne Weintrauben · 100 g Schlagsahne ·
etwas weiße Schokolade zum Abschaben

1 Den Backofen vorheizen.
Ober-/Unterhitze: etwa 180 °C
Heißluft: etwa 160 °C

2 Für den Teig Butter oder Margarine mit Handrührgerät mit Rührbesen auf höchster Stufe geschmeidig rühren. Zucker und Zitronenschale nach und nach unterrühren. So lange rühren, bis eine gebundene Masse entstanden ist. Das Ei etwa ½ Minute unterrühren.

3 Mehl mit Speisestärke und Backpulver mischen und auf mittlerer Stufe kurz unterrühren, Milch unterrühren. Den Teig in eine Springform (Ø 18 cm, Boden gefettet) füllen und glatt streichen. Die Form auf dem Rost in den vorgeheizten Backofen schieben. Den Boden etwa 25 Minuten backen.

4 Die Springform etwa 10 Minuten auf einen Kuchenrost stellen. Dann den Tortenboden aus der Form lösen, auf einen mit Backpapier belegten Kuchenrost stürzen und erkalten lassen.

5 Für die Füllung inzwischen die Weintrauben heiß abspülen, trocken tupfen und längs halbieren. Gelatine nach Packungsanleitung einweichen. Crème fraîche mit Zucker, Zitronenschale und Sekt verrühren. Gelatine leicht ausdrücken und in einem kleinen Topf bei schwacher Hitze unter Rühren auflösen. Den Topf von der Kochstelle nehmen.

6 4 Esslöffel von der Sektmasse unter die aufgelöste Gelatine rühren, dann die Mischung mit der übrigen Sektmasse verrühren und in den Kühlschrank stellen. Sobald die Masse beginnt dicklich zu werden, die Sahne steif schlagen und unterheben.

7 Den Tortenboden mit einem Sägemesser einmal waagerecht halbieren. Den unteren Tortenboden auf eine Tortenplatte legen und einen Tortenring oder den gesäuberten Springformrand darumstellen.

8 Die halbierten Weintrauben darauf verteilen, dabei rundherum einen etwa 1 cm breiten Rand frei lassen. Die Hälfte der Sektcreme auf die Weintrauben geben und glatt streichen. Oberen Tortenboden auflegen und leicht andrücken. Die restliche Creme daraufgeben und glatt streichen. Die Torte mindestens 3 Stunden in den Kühlschrank stellen.

9 Zum Garnieren Weintrauben heiß abspülen, trocken tupfen und längs halbieren. Die Sahne steif schlagen. Den Tortenring oder Springformrand lösen und entfernen. Mit der Hälfte der Sahne den Tortenrand bestreichen. Die restliche Sahne mit 2 Teelöffeln wie kleine Klöße dicht nebeneinander auf den Rand der Torte setzen und mit den Weintrauben garnieren.

10 Die Schokolade mit der glatten Seite nach oben auf die Arbeitsfläche legen, festhalten und mit dem Messerrücken etwas Schokolade abschaben. Die Schokolade mit einem Messer auf den Tortenrand legen.

Nusstorte mit Puddingcreme
FÜR GÄSTE

FÜR DEN ALL-IN-TEIG: 70 g gemahlene Haselnusskerne · 50 g Marzipan-Rohmasse · 80 g Weizenmehl · 1 gestr. TL Dr. Oetker Backin · 1 Pck. Dr. Oetker Pudding-Pulver Vanille-Geschmack · 100 g Zucker · 100 g weiche Butter oder Margarine · 2 Eier (Größe M) · 2 EL Milch
FÜR DIE PUDDINGCREME: 1 Pck. Dr. Oetker Pudding-Pulver Vanille-Geschmack · 30 g Zucker · 375 ml (3/8 l) Milch · 1 Ei (Größe M) · 30 g Butter
ZUM GARNIEREN UND BESTREICHEN: 50 g gehobelte Haselnusskerne · 30 g Zucker · 150 g Schlagsahne · 1 EL Puderzucker · 8 dünne Schoko-Täfelchen · 50 g Wild-Preiselbeeren

1 **Für den Teig** die Nusskerne in einer Pfanne ohne Fett leicht rösten und auf einem Teller erkalten lassen. Marzipan in hauchdünne Scheiben schneiden. Den Backofen vorheizen.
Ober-/Unterhitze: etwa 180 °C
Heißluft: etwa 160 °C

2 Mehl mit Backpulver und Pudding-Pulver in einer Rührschüssel mischen. Nusskerne und Marzipan dazugeben. Übrige Teigzutaten hinzufügen und alles mit Handrührgerät mit Rührbesen erst kurz auf niedrigster, dann auf höchster Stufe in 2 Minuten zu einem glatten Teig verarbeiten.

3 Den Teig in eine Springform (Ø 18 cm, Boden gefettet) füllen und glatt streichen. Die Form auf dem Rost in den vorgeheizten Backofen schieben. Den Tortenboden etwa 35 Minuten backen.

4 Die Form auf einen Kuchenrost stellen. Nach etwa 10 Minuten den Springformrand lösen und entfernen. Den Tortenboden auf dem Kuchenrost erkalten lassen. Anschließend den Tortenboden zweimal waagerecht durchschneiden. Den unteren Boden auf eine Tortenplatte legen und einen Tortenring oder den gesäuberten Springformrand darumstellen.

5 **Für die Puddingcreme** Pudding-Pulver mit Zucker mischen. Nach und nach 6 Esslöffel der Milch und das Ei unterrühren. Übrige Milch mit Butter aufkochen, von der Kochstelle nehmen und angerührtes Pudding-Pulver einrühren. Den Pudding unter Rühren etwa 1 Minute kochen lassen.

6 Die Hälfte der heißen Puddingcreme auf den unteren Tortenboden geben und verstreichen. Dann den mittleren Tortenboden darauflegen, mit der restlichen Puddingcreme bestreichen und mit dem oberen Tortenboden bedecken. Die Torte anschließend mindestens 2 Stunden in den Kühlschrank stellen.

7 **Zum Garnieren** inzwischen die gehobelten Nusskerne in einer Pfanne bei schwacher Hitze leicht bräunen. Zucker darüberstreuen und unter Rühren karamellisieren lassen. Nusskrokant sofort auf einem Stück Backpapier verteilen und erkalten lassen.

8 Den Tortenring oder Springformrand lösen und entfernen. Sahne mit Puderzucker steif schlagen. Die Torte rundherum damit einstreichen. Auf der Tortenoberfläche 8 Stücke markieren.

9 Schoko-Täfelchen einzeln mit einem Sägemesser diagonal halbieren. Zwei Drittel des Krokants an den Tortenrand streuen und leicht andrücken. Auf jedes Tortenstück einen Klecks Preiselbeeren geben, jeweils 2 halbe Schoko-Täfelchen rechts und links neben die Kleckse stecken. Restlichen Krokant in die Tortenmitte geben.

Tipps: Wer Zeit sparen möchte, kann fertigen Haselnuss-Krokant kaufen.
Die Preiselbeeren können durch Marmelade oder Konfitüre ersetzt werden.

Fruchtiger Maulwurfshügel

FÜR KINDER

FÜR DEN RÜHRTEIG: 80 g weiche Butter oder Margarine · 70 g Zucker · 1 Pck. Dr. Oetker Vanillin-Zucker · 1 Prise Salz · 2 Eier (Größe M) · 70 g Weizenmehl · 30 g Speisestärke · ½ gestr. TL Dr. Oetker Backin
FÜR DEN BELAG: 5 Blatt weiße Gelatine · 250 ml (¼ l) Trinkjoghurt (Erdbeer- oder Himbeer-Geschmack) · 1–2 EL Zucker · 200 g Schlagsahne · 150 g vorbereitete gemischte Beerenfrüchte, z. B. rote Johannis-, Heidel- oder Himbeeren
ZUM BESTÄUBEN UND GARNIEREN: 1 EL Kakaopulver · einige Rispen Johannisbeeren

1 Den Backofen vorheizen.
Ober-/Unterhitze: etwa 180 °C
Heißluft: etwa 160 °C

2 **Für den Teig** Butter oder Margarine mit Handrührgerät mit Rührbesen auf höchster Stufe geschmeidig rühren. Nach und nach Zucker, Vanillin-Zucker und Salz unterrühren. So lange rühren, bis eine gebundene Masse entstanden ist. Eier nach und nach unterrühren (jedes Ei etwa ½ Minute).

3 Mehl mit Speisestärke und Backpulver mischen und kurz auf mittlerer Stufe unterrühren. Teig in eine Springform (Ø 18 cm, Boden gefettet) füllen und glatt streichen. Die Form auf dem Rost in den vorgeheizten Backofen schieben. Den Boden etwa 25 Minuten backen.

4 Den Tortenboden aus der Form lösen, auf einen mit Backpapier belegten Kuchenrost stürzen und erkalten lassen. Tortenboden wieder umdrehen.

5 **Für den Belag** Gelatine nach Packungsanleitung einweichen. Danach Trinkjoghurt mit Zucker verrühren. Gelatine leicht ausdrücken und in einem kleinen Topf bei schwacher Hitze unter Rühren auflösen. Etwa 4 Esslöffel Trinkjoghurt unterrühren, dann die Mischung unter den restlichen Trinkjoghurt rühren. Die Masse in den Kühlschrank stellen. Sobald die Masse beginnt dicklich zu werden, die Sahne steif schlagen und mit den vorbereiteten Beerenfrüchten unter den Trinkjoghurt heben. Die Creme in den Kühlschrank stellen.

6 Tortenboden auf eine Platte legen. Den Boden mit einem Esslöffel etwa 1 cm tief aushöhlen, dabei rundherum einen etwa 1 cm breiten Rand stehen lassen. Joghurtcreme kuppelförmig auf den ausgehöhlten Boden streichen. Die Reste des Tortenbodens fein zerbröseln, rundherum auf die Creme streuen und leicht andrücken. Die Torte etwa 2 Stunden in den Kühlschrank stellen.

7 Vor dem Servieren die Torte mit Kakaopulver bestäuben und nach Belieben mit Johannisbeeren garnieren.

Tipps: Der Maulwurfshügel kann bereits am Vortag zubereitet werden.
Die Torte ist ohne Kakaopulver gefriergeeignet.
Noch saftiger wird die Torte, wenn Sie die Brösel mit 1–2 Esslöffeln Fruchtsaft verrühren und dann auf die Creme geben.

Baileys-Baiser-Torte

MIT ALKOHOL

FÜR DEN RÜHRTEIG: 30 g Kokosraspel · 80 g weiche Butter oder Margarine · 70 g Zucker · 1 Ei (Größe M) · 50 g Weizenmehl · 30 g Speisestärke · ½ gestr. TL Dr. Oetker Backin
ZUM BESTREICHEN UND BETRÄUFELN: 50 g Zartbitter-Schokolade · ½ TL Speiseöl · 75 ml Baileys (Original Irish Cream Likör)
FÜR DEN BELAG: 1 Pck. Dr. Oetker Sahnesteif · 1 EL Puderzucker · 300 g Schlagsahne · 60 g kleine weiße Baisertupfen (fertig gekauft)
ZUM GARNIEREN: 20 g Zartbitter-Schokolade

1 Den Backofen vorheizen.
Ober-/Unterhitze: etwa 180 °C
Heißluft: etwa 160 °C

2 Kokosraspel in einer Pfanne ohne Fett leicht bräunen und auf einem Teller erkalten lassen.

3 Für den Teig Butter oder Margarine mit Handrührgerät mit Rührbesen auf höchster Stufe geschmeidig rühren. Zucker nach und nach unterrühren. So lange rühren, bis eine gebundene Masse entstanden ist. Das Ei etwa ½ Minute unterrühren.

4 Mehl mit Speisestärke und Backpulver mischen und auf mittlerer Stufe kurz unterrühren. Kokosraspel (bis auf 1 Esslöffel zum Bestreuen) unterrühren. Den Teig in eine Springform (Ø 18 cm, Boden gefettet) füllen und glatt streichen. Die Form auf dem Rost in den vorgeheizten Backofen schieben. Den Boden etwa 25 Minuten backen.

5 Die Springform 10 Minuten auf einen Kuchenrost stellen. Dann den Tortenboden aus der Form lösen, auf einen mit Backpapier belegten Kuchenrost stürzen und erkalten lassen.

6 Zum Bestreichen Schokolade in kleine Stücke brechen und mit Öl in einem kleinen Topf im Wasserbad bei schwacher Hitze unter Rühren schmelzen. Die Schokolade auf den Tortenboden streichen und fest werden lassen.

7 Den Tortenboden mit der Schokoseite nach unten auf eine Tortenplatte legen. Die Oberseite dicht an dicht mit einem Holzstäbchen einstechen und mit Baileys Original Irish Cream Likör beträufeln.

8 Für den Belag Sahnesteif mit Puderzucker mischen, die Sahne damit steif schlagen und in einen Spritzbeutel mit Sterntülle (Ø 10 mm) füllen. Dicke Sahnetupfen dicht aneinander auf den Tortenboden spritzen. Baisertupfen darauf verteilen. Restliche Kokosraspel in die Zwischenräume streuen.

9 Zum Garnieren Schokolade hacken und wie unter Punkt 6 beschrieben im Wasserbad schmelzen. Die Schokolade in einen kleinen Gefrierbeutel füllen, eine kleine Ecke abschneiden und die Schokolade über die Torte sprenkeln. Die Schokolade fest werden lassen.

Tipps: Für eine Variante mit Haselnusskernen die Kokosraspel durch die gleiche Menge gemahlene Haselnusskerne austauschen. Die Nusskerne wie beschrieben leicht rösten und verarbeiten.
Anstelle der kleinen Baisertupfen können Sie auch große Baiserschalen (vom Bäcker) verwenden. Diese sollten vorher grob gehackt werden.
Die Schokolade zum Garnieren können Sie auch direkt im Gefrierbeutel schmelzen. Dafür die Schokolade fein hacken und in einen dichten Gefrierbeutel füllen. Den Beutel verschließen (es darf kein Wasser in die Schokolade gelangen). Die Schokolade bei schwacher Hitze im Wasser schmelzen. Den Beutel aus dem Wasserbad nehmen und trocken tupfen. Eine kleine Ecke vom Beutel abschneiden und die Torte verzieren.

Stricknadeltorte

MIT ALKOHOL

FÜR DEN RÜHRTEIG: 125 g weiche Butter oder Margarine · 100 g Zucker · 1 Pck. Dr. Oetker Vanillin-Zucker · 1 Prise Salz · 3 Eier (Größe M) · 125 g Weizenmehl · 1 gestr. TL Dr. Oetker Backin
ZUM TRÄNKEN: 2 EL Zucker · 1 gestr. EL Kakaopulver · 150 ml kalter Kaffee · 2 EL Eierlikör
FÜR DIE EIERLIKÖRSAHNE: 200 g Schlagsahne · 1 Pck. Dr. Oetker Sahnesteif · 1 EL Puderzucker · 3 EL Eierlikör
ZUM GARNIEREN: 100 g Zartbitter-Schokolade

1 Den Backofen vorheizen.
Ober-/Unterhitze: etwa 180 °C
Heißluft: etwa 160 °C

2 Für den Teig Butter oder Margarine mit Handrührgerät mit Rührbesen auf höchster Stufe geschmeidig rühren. Nach und nach Zucker, Vanillin-Zucker und Salz unterrühren. So lange rühren, bis eine gebundene Masse entstanden ist. Eier nach und nach unterrühren (jedes Ei etwa ½ Minute).

3 Mehl mit Backpulver mischen und kurz auf mittlerer Stufe unterrühren. Teig in eine Springform (Ø 18 cm, Boden gefettet) füllen und glatt streichen. Die Form auf dem Rost in den vorgeheizten Backofen schieben. Den Boden etwa 35 Minuten backen.

4 Die Form auf einen Kuchenrost stellen. Sofort nach dem Backen mit einer dicken Stricknadel beliebig viele Löcher in den Boden stechen. Den Rand des Tortenbodens vorsichtig vom Springformrand lösen und den Boden in der geschlossenen Springform erkalten lassen.

5 Zum Tränken Zucker mit dem gesiebten Kakao mischen und nach und nach mit Kaffee und Eierlikör verrühren. Die Flüssigkeit esslöffelweise auf dem Tortenboden verteilen und den Boden mindestens 6 Stunden durchziehen lassen.

6 Den Boden aus der Form lösen und auf eine Tortenplatte legen.

7 Für die Eierlikörsahne Sahnesteif mit Puderzucker mischen, die Sahne damit steif schlagen. Eierlikör kurz unter die Sahne rühren. Die Eierlikörsahne kuppelförmig auf den Kuchen streichen. Die Torte 30 Minuten in den Kühlschrank stellen.

8 Die Schokolade mit der glatten Seite nach oben auf die Arbeitsfläche legen und mit einem Stück Backpapier bedecken, die Hände darauflegen und so die Oberfläche der Schokolade etwas erwärmen. Dann mit einem Spachtel oder Messer Locken abschaben und sofort auf die Torte legen. Den Vorgang so oft wiederholen, bis die Torte fertig garniert ist.

Tipps: Noch schneller geht es mit einem Fön. Dafür mäßig warme Luft kurz über die Schokolade blasen, dann die Schokolade wie beschrieben abschaben.
Wenn Sie keine dicke Stricknadel haben, verwenden Sie einen Schaschlikstab, den Sie beim Einstechen im Kuchen etwas hin und her bewegen.

Kekskuchen mit Stachelbeeren

SAHNIG

FÜR DEN BISKUITTEIG: 2 Eier (Größe M) · 60 g Zucker · 1 Pck. Dr. Oetker Vanillin-Zucker · 50 g Weizenmehl · 20 g Speisestärke · ½ gestr. TL Dr. Oetker Backin
FÜR DEN BELAG: 1 Glas Stachelbeeren (Abtropfgewicht 390 g) · 300 ml Stachelbeersaft aus dem Glas · 1 Pck. Dr. Oetker Pudding-Pulver Vanille-Geschmack · 400 g Schlagsahne · 2 Pck. Dr. Oetker Sahnesteif · 2 EL Puderzucker · 12–16 flache, runde Vollkornkekse (z. B. Haferkekse)
ZUM GARNIEREN UND VERZIEREN: ½ Pck. gehackte Pistazienkerne (etwa 12 g) · 50 g weiße Schokolade · 1 TL Speiseöl

1 Den Backofen vorheizen.
Ober-/Unterhitze: etwa 200 °C
Heißluft: etwa 180 °C

2 Für den Teig Eier mit Handrührgerät mit Rührbesen auf höchster Stufe in 1 Minute schaumig schlagen. Zucker mit Vanillin-Zucker mischen, in 1 Minute einstreuen, dann noch etwa 2 Minuten weiterschlagen. Mehl mit Speisestärke und Backpulver mischen, auf die Eiercreme geben und kurz auf niedrigster Stufe unterrühren.

3 Einen Backrahmen (20 x 30 cm) auf ein Backblech (gefettet, mit Backpapier belegt) stellen. Den Teig einfüllen und glatt streichen. Das Backblech in den vorgeheizten Backofen schieben und die Biskuitplatte etwa 10 Minuten backen.

4 Das Backblech auf einen Kuchenrost stellen. Den Backrahmen vorsichtig mit einem Messer lösen und entfernen. Die Biskuitplatte auf einen mit Backpapier belegten Kuchenrost stürzen und erkalten lassen. Anschließend mitgebackenes Backpapier abziehen. Biskuitplatte auf ein Backblech legen und den gesäuberten Backrahmen darumstellen.

5 Für den Belag Stachelbeeren in einem Sieb abtropfen lassen, den Saft dabei auffangen und 300 ml abmessen. Pudding-Pulver mit 6 Esslöffeln von dem Stachelbeersaft in einem kleinen Topf anrühren, dann den restlichen Saft hinzufügen. Alles unter Rühren aufkochen lassen. Die Stachelbeeren unterheben. Die heiße Masse auf der Biskuitplatte verstreichen und abkühlen lassen.

6 Sahnesteif mit Puderzucker mischen, die Sahne damit steif schlagen und auf der Stachelbeermasse verstreichen. Die Kekse auf der Sahneschicht verteilen. Den Kuchen mindestens 1 Stunde in den Kühlschrank stellen.

7 Zum Garnieren und Verzieren Pistazien sehr fein hacken. Schokolade in Stücke brechen und mit dem Öl in einem kleinen Topf im Wasserbad bei schwacher Hitze unter Rühren schmelzen lassen. Auf jeden Keks einen Klecks Schokolade geben und darauf die Pistazien streuen. Schokolade fest werden lassen.

8 Den Backrahmen mit einem Messer vorsichtig lösen und entfernen. Kuchen in Stücke schneiden.

Fanta Schnitten*
FÜR KINDER

FÜR DEN BISKUITTEIG: 2 Eier (Größe M) · 1 EL heißes Wasser · 50 g Zucker · 1 Pck. Dr. Oetker Vanillin-Zucker · 50 g Weizenmehl · 30 g Speisestärke · ½ gestr. TL Dr. Oetker Backin
FÜR DEN BELAG: 1 Pck. Aranca Zitronen-Geschmack (Dessertpulver) · 150 ml Fanta Orange (Limonade) · 200 g Schlagsahne · 300 g frische gemischte Beeren, z. B. Erdbeeren, Himbeeren, Brombeeren
ZUM GARNIEREN: 3 Blatt weiße Gelatine · 200 ml Fanta Orange (Limonade) · 1 Pck. Dr. Oetker Sahnesteif · 1 EL Puderzucker · 200 g Schlagsahne

1 Den Backofen vorheizen.
Ober-/Unterhitze: etwa 200 °C
Heißluft: etwa 180 °C

2 Für den Teig Eier und Wasser mit Handrührgerät mit Rührbesen auf höchster Stufe in 1 Minute schaumig schlagen. Zucker mit Vanillin-Zucker mischen, in 1 Minute einstreuen, dann noch etwa 2 Minuten weiterschlagen. Mehl mit Speisestärke und Backpulver mischen, auf die Eiercreme geben und auf niedrigster Stufe kurz unterrühren.

3 Einen Backrahmen (20 x 30 cm) auf ein Backblech (gefettet, mit Backpapier belegt) stellen. Den Teig einfüllen und glatt streichen. Das Backblech in den vorgeheizten Backofen schieben. Die Biskuitplatte etwa 15 Minuten backen.

4 Das Backblech auf einen Kuchenrost stellen. Den Backrahmen vorsichtig mit einem Messer lösen und entfernen. Die Biskuitplatte auf einen mit Backpapier belegten Kuchenrost stürzen und erkalten lassen. Anschließend mitgebackenes Backpapier abziehen. Biskuitplatte auf ein Backblech legen und den gesäuberten Backrahmen darumstellen.

5 Für den Belag Dessertpulver nach Packungsanleitung, jedoch nur mit der Limonade und ohne Joghurt zubereiten. Sahne steif schlagen und unterheben. Die Creme in den Kühlschrank stellen.

6 Beeren verlesen, abspülen, trocken tupfen und entstielen. Die Hälfte der Creme auf der Biskuitplatte verstreichen. Vorbereitete Beeren darauf verteilen. Restliche Creme auf den Beeren verteilen und glatt streichen. Den Kuchen mindestens 2 Stunden in den Kühlschrank stellen.

7 Zum Garnieren inzwischen Gelatine nach Packungsanleitung einweichen. Gelatine leicht ausdrücken und mit 3 Esslöffeln von der Limonade in einem Topf bei schwacher Hitze unter Rühren auflösen. Dann die Mischung unter die restliche Limonade rühren. Die Flüssigkeit in eine flache Schüssel füllen und in den Kühlschrank stellen, bis sie fest geworden ist.

8 Sahnesteif mit Puderzucker mischen und die Sahne damit steif schlagen. Sahne in einen Spritzbeutel mit Lochtülle (Ø 10 mm) füllen und ein großes Gittermuster auf die Kuchenoberfläche spritzen. Backrahmen lösen und entfernen.

9 Limonaden-Gelee in der Schüssel in Würfel schneiden. Geleewürfel auf einen Teller stürzen und in den Zwischenräumen des Sahnegitters verteilen. Kuchen in Stücke schneiden und bis zum Servieren in den Kühlschrank stellen.

* Rezept nicht durch Coca-Cola autorisiert.

Blubberkuchen

FRUCHTIG

FÜR DEN SCHÜTTELTEIG: 150 g Weizenmehl · 1 gestr. TL Dr. Oetker Backin · 100 g Zucker ·
1 Pck. Dr. Oetker Vanillin-Zucker · ½ Pck. Dr. Oetker Finesse Geriebene Zitronenschale ·
2 Eier (Größe M) · 75 ml Speiseöl, z. B. Sonnenblumenöl · 75 ml Mineralwasser (mit Kohlensäure)
FÜR DEN BELAG: 5 Blatt weiße Gelatine · 500 g Dickmilch · 2 EL Zitronensaft · 50 g Zucker ·
1 Pck. Dr. Oetker Vanillin-Zucker · 250 g Himbeeren · 250 g Schlagsahne
FÜR DEN GUSS: 1 Pck. Tortenguss, rot, ungezuckert ·
250 ml (¼ l) Flüssigkeit, z. B. Himbeersaft, Apfelsaft oder Wasser · 1 EL Zucker

1 Den Backofen vorheizen.
Ober-/Unterhitze: etwa 180 °C
Heißluft: etwa 160 °C

2 Für den Teig Mehl mit Backpulver in einer verschließbaren Schüssel (etwa 2 l) mit Zucker, Vanillin-Zucker und Zitronenschale mischen. Eier, Öl und Mineralwasser hinzufügen und die Schüssel mit dem Deckel fest verschließen. Die Schüssel mehrmals kräftig schütteln (insgesamt 15–30 Sekunden), sodass alle Zutaten gut vermischt sind.

3 Alles mit einem Schneebesen oder Rührlöffel nochmals sorgfältig durchrühren, damit trockene Zutaten vom Rand mit untergerührt werden. Einen Backrahmen (20 x 30 cm) auf ein Backblech (gefettet, gemehlt) stellen. Den Teig einfüllen und glatt streichen. Das Backblech in den vorgeheizten Backofen schieben. Den Boden etwa 20 Minuten backen.

4 Das Backblech auf einen Kuchenrost stellen. Den Boden mit Backrahmen darauf erkalten lassen.

5 Für den Belag Gelatine nach Packungsanleitung einweichen. Dickmilch mit Zitronensaft, Zucker und Vanillin-Zucker in einer Schüssel verrühren. Gelatine leicht ausdrücken und in einem kleinen Topf bei schwacher Hitze unter Rühren auflösen. Aufgelöste Gelatine zunächst mit etwa 4 Esslöffeln von der Dickmilchmasse verrühren, dann die Mischung unter die restliche Dickmilchmasse rühren. Die Masse in den Kühlschrank stellen.

6 Inzwischen Himbeeren verlesen, evtl. abspülen und trocken tupfen. Himbeeren auf dem Boden verteilen. Sobald die Dickmilchmasse beginnt dicklich zu werden, die Sahne steif schlagen und unterheben. Die Dickmilchcreme auf den Himbeeren verstreichen. Den Kuchen zugedeckt etwa 30 Minuten in den Kühlschrank stellen.

7 Für den Guss aus Tortengusspulver, Flüssigkeit und Zucker nach Packungsanleitung einen Guss zubereiten. Den heißen Guss sofort auf der Dickmilchcreme verteilen, sodass die Creme etwas angelöst wird. Damit schöne „Blubber" entstehen, evtl. den Guss mit einem Löffel leicht eindrücken. Den Kuchen zugedeckt etwa 1 Stunde in den Kühlschrank stellen. Vor dem Servieren Backrahmen lösen und entfernen.

Schokokaramell-Schnitten
RAFFINIERT

FÜR DIE CREME: 200 g Riesen Schokokaramell (von Storck) · 500 g Schlagsahne ·
1 Pck. Dr. Oetker Sahnesteif
FÜR DEN BISKUITTEIG: 2 Eier (Größe M) · 1 EL heißes Wasser · 60 g Zucker · 1 Pck. Dr. Oetker Vanillin-Zucker ·
60 g Weizenmehl · 15 g Speisestärke · 1 leicht geh. EL Kakaopulver · ½ gestr. TL Dr. Oetker Backin
ZUM GARNIEREN: einige Riesen Schokokaramell (von Storck) · etwas Kakaopulver

1 Für die Creme Riesen Schokokaramell in Stücke schneiden. Sahne in einem Topf erhitzen, Karamellstücke bei schwacher Hitze unter Rühren darin auflösen. Sahnemasse in eine Rührschüssel geben und unter gelegentlichem Rühren abkühlen lassen. Die Sahnemasse mit Frischhaltefolie zugedeckt mindestens 8 Stunden (am besten über Nacht) in den Kühlschrank stellen.

2 Den Backofen vorheizen.
Ober-/Unterhitze: etwa 200 °C
Heißluft: etwa 180 °C

3 Für den Teig Eier und Wasser mit Handrührgerät mit Rührbesen auf höchster Stufe in 1 Minute schaumig schlagen. Zucker und Vanillin-Zucker mischen, in 1 Minute einstreuen, dann etwa 2 Minuten weiterschlagen. Das Mehl mit Speisestärke, Kakao und Backpulver mischen, auf die Eiercreme geben und kurz auf niedrigster Stufe unterrühren.

4 Einen Backrahmen (20 x 30 cm) auf ein Backblech (gefettet, gemehlt) stellen. Den Teig einfüllen und glatt streichen. Das Backblech in den vorgeheizten Backofen schieben. Den Biskuitboden 12–15 Minuten backen.

5 Das Backblech auf einen Kuchenrost stellen und den Biskuitboden darauf erkalten lassen.

6 Für die Creme die Karamellsahne in 2 Portionen mit je ½ Päckchen Sahnesteif steif schlagen. 4 Esslöffel der Karamellsahne in einen Spritzbeutel mit Sterntülle (Ø 10 mm) geben und zum Verzieren beiseitelegen. Restliche Karamellsahne auf der Biskuitplatte verstreichen.

7 Beiseitegelegte Karamellsahne in 12–15 Tuffs auf den Belag spritzen. Nach Belieben den Kuchen mit halbierten Riesen Schokokaramell garnieren und mit Kakao bestäuben. Den Backrahmen mit einem Messer lösen und entfernen.

Tipps: Die Schnitten lassen sich ohne Schokokaramell-Garnierung gut portionsweise einfrieren.
Schoko-Karamell-Schnitten maximal 1 Tag vor dem Verzehr zubereiten.
Den Biskuitboden mit 2–3 Esslöffeln glatt gerührter Aprikosenkonfitüre bestreichen, bevor die Sahnemasse aufgestrichen wird.

Mango-Schnitten

FRUCHTIG

ZUM VORBEREITEN: 2 Dosen Mangos in Scheiben (Abtropfgewicht je 230 g)
FÜR DEN ALL-IN-TEIG: 100 g Weizenmehl · 1½ gestr. TL Dr. Oetker Backin · 50 ml Mangosaft aus den Dosen · 150 g Zucker · ½ Pck. Dr. Oetker Finesse Geriebene Zitronenschale · 2 Eier (Größe M) · 70 g weiche Butter oder Margarine
FÜR DEN BELAG: 250 ml (¼ l) Mangosaft aus den Dosen · 2 gestr. EL Zucker · 1 Pck. Tortenguss, klar, ungezuckert
FÜR DIE CREME: 3 Blatt weiße Gelatine · 125 ml (⅛ l) Buttermilch · 250 g Schlagsahne · 2 EL Puderzucker
ZUM GARNIEREN: 1 Pck. (125 g) Mini-Butterkekse mit Schokolade

1 Den Backofen vorheizen.
Ober-/Unterhitze: etwa 180 °C
Heißluft: etwa 160 °C

2 **Zum Vorbereiten** die Mangoscheiben in einem Sieb abtropfen lassen. Den Saft dabei auffangen.

3 **Für den Teig** Mehl mit Backpulver in einer Rührschüssel mischen. Vom aufgefangenen Mangosaft 50 ml abmessen. Restliche Zutaten und Mangosaft zum Mehlgemisch geben und alles mit Handrührgerät mit Rührbesen erst kurz auf niedrigster, dann auf höchster Stufe in etwa 2 Minuten zu einem glatten Teig verarbeiten.

4 Einen Backrahmen (20 x 30 cm) auf ein Backblech (gefettet, mit Backpapier belegt) stellen. Den Teig einfüllen und glatt streichen. Das Backblech in den vorgeheizten Backofen schieben. Die Kuchenplatte 15–20 Minuten backen.

5 Den Backrahmen lösen und entfernen. Die Kuchenplatte auf einen mit Backpapier belegten Kuchenrost stürzen und erkalten lassen. Anschließend mitgebackenes Backpapier abziehen. Kuchenplatte auf ein Backblech legen und den gesäuberten Backrahmen darumstellen.

6 **Für den Belag** die abgetropften Mangoscheiben auf der Kuchenplatte verteilen. Vom restlichen aufgefangenen Mangosaft 250 ml (¼ l) abmessen. Aus Zucker, Tortengusspulver und Mangosaft nach Packungsanleitung einen Guss zubereiten und auf den Mangoscheiben verteilen. Den Kuchen etwa 30 Minuten in den Kühlschrank stellen.

7 **Für die Creme** Gelatine nach Packungsanleitung einweichen. Die Hälfte der Buttermilch erwärmen, Gelatine leicht ausdrücken und unter Rühren darin auflösen. Die restliche Buttermilch unterrühren. Die Buttermilchmischung in den Kühlschrank stellen. Sobald sie beginnt dicklich zu werden, die Sahne mit dem Puderzucker steif schlagen und unter die Buttermilchmischung heben. Die Creme auf den Mangoscheiben verstreichen.

8 **Zum Garnieren** auf dem Kuchen Stücke markieren und dekorativ mit den Butterkeksen belegen. Den Kuchen mindestens 1 Stunde in den Kühlschrank stellen. Den Backrahmen mit einem Messer lösen und entfernen. Den Kuchen in Stücke schneiden.

Tipp: Die Creme mit Zitronen-Buttermilch oder fruchtigem Trinkjoghurt zubereiten.

Blondes Blech

MIT ALKOHOL

FÜR DEN RÜHRTEIG: 4 Eiweiß (Größe M) · 1 Prise Salz · 100 g Zucker · 100 g weiche Butter oder Margarine · 1 Pck. Dr. Oetker Vanillin-Zucker · 4 Eigelb (Größe M) · 30 g gehackte Haselnusskerne · 150 g gemahlene Haselnusskerne · 1 gestr. TL Dr. Oetker Backin · 50 g Zartbitter-Raspelschokolade
FÜR DEN BELAG: 150 g Wild-Preiselbeeren · 1 Pck. Dr. Oetker Vanillin-Zucker · 1 Pck. Dr. Oetker Sahnesteif · 300 g Schlagsahne
ZUM BESPRENKELN: 50 ml Eierlikör · 1 Pck. Dr. Oetker Sahnesteif

1 **Für den Teig** Eiweiß mit Salz steif schlagen. Nach und nach die Hälfte des Zuckers dazugeben und weiterschlagen, bis der Eischnee glänzt. Den Backofen vorheizen.
Ober-/Unterhitze: etwa 180 °C
Heißluft: etwa 160 °C

2 Butter oder Margarine in einer Rührschüssel mit Handrührgerät mit Rührbesen auf höchster Stufe geschmeidig rühren. Nach und nach restlichen Zucker und Vanillin-Zucker unterrühren. So lange rühren, bis eine gebundene Masse entstanden ist.

3 Eigelb nach und nach unterrühren. Gehackte und gemahlene Nusskerne mit Backpulver mischen und mit der Raspelschokolade in 2 Portionen unterrühren. Eischnee in 2 Portionen unterheben.

4 Einen Backrahmen (20 x 30 cm) auf ein Backblech (gefettet, gemehlt) stellen. Den Teig einfüllen und glatt streichen. Das Backblech in den vorgeheizten Backofen schieben. Den Kuchen etwa 30 Minuten backen.

5 Das Backblech auf einen Kuchenrost stellen. Die Wild-Preiselbeeren auf dem heißen Kuchen verteilen und glatt streichen. Den Kuchen erkalten lassen und anschließend auf eine Kuchenplatte setzen. Den Vanillin-Zucker mit Sahnesteif mischen und die Sahne damit steif schlagen. Die Sahne auf den Kuchen geben, verstreichen und mit einem Teelöffel Spitzen hochziehen.

6 **Zum Besprenkeln** Eierlikör mit Sahnesteif mit einem Schneebesen verrühren und in einen kleinen Gefrierbeutel füllen. Den Beutel verschließen und eine kleine Ecke abschneiden. Eierlikör diagonal über den Kuchen sprenkeln. Den Kuchen mindestens 30 Minuten in den Kühlschrank stellen.

Abwandlung: Der Kuchen schmeckt auch sehr gut mit frischen Himbeeren belegt oder mit einer Konfitüre oder Orangenmarmelade bestrichen.

Tipp: Der Boden kann sehr gut am Vortag zubereitet und ohne Eierlikör auch eingefroren werden.

Coca-Cola-Kuchen*

RAFFINIERT

FÜR DEN ALL-IN-TEIG: 200 g Weizenmehl · 1½ gestr. TL Dr. Oetker Backin · 230 g Zucker ·
125 g weiche Butter oder Margarine · 20 g Kakaopulver · 100 ml Coca-Cola · 100 ml Buttermilch ·
3 Eier (Größe M) · 4–5 Tropfen Butter-Vanille-Aroma aus dem Röhrchen
ZUM BESTREUEN: 100 g Pecannusskerne
FÜR DEN GUSS: 70 g Butter · 20 g Kakaopulver · 100 ml Coca-Cola · 350 g Puderzucker

1 Den Backofen vorheizen.
Ober-/Unterhitze: etwa 180 °C
Heißluft: etwa 160 °C

2 Für den Teig Mehl mit Backpulver in einer Rührschüssel mischen. Restliche Zutaten hinzufügen und alles mit Handrührgerät mit Rührbesen erst kurz auf niedrigster, dann auf höchster Stufe in etwa 2 Minuten zu einem glatten Teig verarbeiten.

3 Einen Backrahmen (20 x 30 cm) auf ein Backblech (gefettet, mit Backpapier belegt) stellen. Den Teig in den Backrahmen einfüllen und glatt streichen. Das Backblech in den vorgeheizten Backofen schieben und den Kuchen 25–30 Minuten backen.

4 Zum Bestreuen inzwischen die Pecannusskerne grob hacken. Backrahmen entfernen. Den Kuchen auf einen mit Backpapier belegten Kuchenrost stürzen und mitgebackenes Backpapier abziehen. Sofort den Guss zubereiten.

5 Für den Guss Butter mit Kakao und Coca-Cola in einem Topf zum Kochen bringen. Mischung kurz etwas einkochen lassen, dann den Topf von der Kochstelle nehmen. Puderzucker mit einer Gabel in den Guss rühren.

6 Den warmen Guss auf den warmen Kuchen geben und etwas verteilen. Den Kuchen mit den gehackten Pecannusskernen bestreuen und erkalten lassen.

Tipp: Anstelle von Pecannusskernen können Sie auch die gleiche Menge Walnusskerne verwenden.

* Rezept nicht durch Coca Cola autorisiert.

ZUBEREITUNGSZEIT: 40 MINUTEN, OHNE ABKÜHLZEIT · BACKZEIT: 25–30 MINUTEN
INSGESAMT: E: 67 G, F: 264 G, KH: 767 G, KJ: 23946, KCAL: 5727, BE: 64,0

ALPHABETISCHES REGISTER

A
Apfelmus-Torte mit Schneehaube 32

B
Baileys-Baiser-Torte 44
Blondes Blech 58
Blubberkuchen 52
Bounty-Torte 20

C
Coca-Cola-Kuchen 60

F
Fanta Schnitten 50
Feigentorte mit Wodka 16
Feuerwehrkuchen 14
Froschkönig-Torte 24
Fruchtiger Maulwurfshügel 42

H
Herzchen-Torte 28
Heidelbeer-Torte, lila 30

K
Kekskuchen mit Stachelbeeren 48
Knusper-Torte 36
Küsschen-Torte 6

L
Lila Heidelbeer-Torte 30

M
Mango-Schnitten 56
Marshmallow-Erdbeer-Torte 12
Maulwurfshügel, fruchtiger 42
Mousse-au-Cappuccino-Torte 34

N
Nuss-Nougat-Torte mit Pfirsichen 18
Nusstorte mit Puddingcreme 40
Nusstorte mit Toffifee 26

P
Panna-Cotta-Torte 8

R
Raffael-Torte 10
Rotkäppchen-Torte (Titelrezept) 63

S
Schokokaramell-Schnitten 54
Sekttorte mit Trauben 38
Stricknadeltorte 46

W
Waffel-Charlotte 22

Titelrezept: Rotkäppchen-Torte

EINFACH

ZUM VORBEREITEN: 1 Glas Sauerkirschen (Abtropfgewicht 175 g)
FÜR DEN RÜHRTEIG: 70 g weiche Butter oder Margarine · 40 g Zucker · 1 Ei (Größe M) · 90 g Weizenmehl ·
1 gestr. TL Dr. Oetker Backin · 1 EL Nuss-Nougat-Creme
FÜR DEN BELAG: 3 Blatt weiße Gelatine · 250 g Magerquark · 25 g Zucker · 1 Pck. Dr. Oetker Vanillin-Zucker · 125 g Schlagsahne
FÜR DEN GUSS: 2 Blatt weiße Gelatine · 200 ml Kirschsaft aus dem Glas
ZUM VERZIEREN UND GARNIEREN: 125 g Schlagsahne · 1 TL Puderzucker · einige Schokoladenröllchen

1 Zum Vorbereiten Sauerkirschen in einem Sieb abtropfen lassen. Dabei den Saft auffangen und 200 ml abmessen, evtl. mit Wasser auffüllen. Den Backofen vorheizen.
Ober-/Unterhitze: etwa 180 °C, Heißluft: etwa 160 °C

2 Für den Teig Butter oder Margarine mit Handrührgerät mit Rührbesen auf höchster Stufe geschmeidig rühren. Nach und nach den Zucker unterrühren. So lange rühren, bis eine gebundene Masse entstanden ist. Das Ei etwa ½ Minute unterrühren. Mehl mit Backpulver mischen und kurz auf mittlerer Stufe unterrühren. Die Hälfte des Teiges in eine Springform (Ø 18 cm, Boden gefettet) füllen und glatt streichen. Unter den restlichen Teig die Nuss-Nougat-Creme rühren und auf dem hellen Teig verstreichen.

3 Die Kirschen auf dem Teig verteilen (8 Stück zum Garnieren beiseitelegen). Die Form auf dem Rost in den vorgeheizten Backofen schieben. Den Tortenboden etwa 20 Minuten backen.

4 Den Tortenboden aus der Form lösen, auf einen mit Backpapier belegten Kuchenrost stürzen und erkalten lassen. Boden auf eine Tortenplatte legen und den gesäuberten Springformrand darumstellen.

5 Für den Belag Gelatine nach Packungsanleitung einweichen. Quark mit Zucker und Vanillin-Zucker verrühren. Gelatine leicht ausdrücken und in einem kleinen Topf bei schwacher Hitze unter Rühren auflösen (nicht kochen). Aufgelöste Gelatine mit etwas von der Quarkmasse verrühren, dann unter die restliche Quarkmasse rühren. Sahne steif schlagen und unterheben. Die Quarkmasse auf den Boden geben und glatt streichen. Die Torte etwa 1 Stunde in den Kühlschrank stellen.

6 Für den Guss Gelatine wie unter Punkt 5 beschrieben einweichen und auflösen. Aufgelöste Gelatine unter den Kirschsaft rühren. Den Guss kurz kalt stellen. Sobald er anfängt dicklich zu werden, den Guss auf der Quarkmasse verteilen. Die Torte etwa 1 Stunde in den Kühlschrank stellen. Den Springformrand vorsichtig lösen und entfernen.

7 Zum Verzieren und Garnieren Sahne mit Puderzucker steif schlagen. Sahne in einen Spritzbeutel mit Sterntülle füllen und 8 Tupfen auf die Tortenoberfläche spritzen. Tupfen mit den beiseitegelegten Kirschen und Schokoladenröllchen garnieren.

ZUBEREITUNGSZEIT: 40 MINUTEN, OHNE KÜHLZEIT · BACKZEIT: ETWA 20 MINUTEN
INSGESAMT: E: 68 G, F: 164 G, KH: 242 G, KJ: 11490, KCAL: 2746, BE: 20,0

Abkürzungen

EL	= Esslöffel	TK	=	Tiefkühlprodukt
TL	= Teelöffel	°C	=	Grad Celsius
Msp.	= Messerspitze	Ø	=	Durchmesser
Pck.	= Packung/Päckchen			
g	= Gramm			
kg	= Kilogramm			
ml	= Milliliter			
l	= Liter			
evtl.	= eventuell			
geh.	= gehäuft			
gestr.	= gestrichen			

Kalorien-/Nährwertangaben

E = Eiweiß
F = Fett
Kh = Kohlenhydrate
kcal = Kilokalorien
kJ = Kilojoule
BE = Broteinheiten

Allgemeine Hinweise zu den Rezepten
Lesen Sie bitte vor der Zubereitung – besser noch vor dem Einkaufen – das Rezept einmal vollständig durch. Oft werden Arbeitsabläufe oder -zusammenhänge dann klarer.

Zutatenliste
Die Zutaten sind in der Reihenfolge ihrer Verarbeitung aufgeführt.

Arbeitsschritte
Die Arbeitsschritte sind einzeln hervorgehoben, in der Reihenfolge, in der wir sie ausprobiert haben.

Backofeneinstellung
Die in den Rezepten angegebenen Backtemperaturen und -zeiten sind Richtwerte, die je nach individueller Hitzeleistung des Backofens über- oder unterschritten werden können. Bitte beachten Sie deshalb bei der Einstellung des Backofens die Gebrauchsanweisung des Herstellers und machen Sie nach Beendigung der angegebenen Backzeit eine Garprobe.
Die Temperaturangaben in diesem Buch beziehen sich auf Elektrobacköfen. Die Temperatureinstellungsmöglichkeiten für Gasbacköfen variieren je nach Hersteller, sodass wir keine allgemeingültigen Angaben machen können.

Zubereitungszeit
Die Zubereitungszeit beinhaltet nur die Zeit für die eigentliche Zubereitung. Längere Wartezeiten wie z. B. Kühlzeiten sind nicht mit einbezogen. Die Backzeiten sind ebenfalls im Rezept angegeben.

Für Fragen, Vorschläge oder Anregungen stehen Ihnen der Verbraucherservice der Dr. Oetker Versuchsküche Telefon: 0 08 00 71 72 73 74 Mo.–Fr. 8:00–18:00 Uhr, Sa. 9:00–15:00 Uhr (gebührenfrei in Deutschland)
oder die Mitarbeiter des Dr. Oetker Verlages
Telefon: +49 (0) 521 520651 Mo.–Fr. 9:00–15:00 Uhr zur Verfügung.
Schreiben Sie uns: Dr. Oetker Verlag KG, Am Bach 11, 33602 Bielefeld oder besuchen Sie uns im Internet unter www.oetker-verlag.de oder www.oetker.de.

Umwelthinweis	Dieses Buch und der Einband wurden auf chlorfrei gebleichtem Papier gedruckt. Die Einschrumpffolie – zum Schutz vor Verschmutzung – ist aus umweltfreundlichem und recyclingfähigem PE-Material.
Copyright	© 2010 by Dr. Oetker Verlag KG, Bielefeld
Redaktion	Carola Reich, Christina Langner, Sabine Lüning
Titelfoto	Thomas Diercks, Hamburg
Innenfotos	Anke Politt, Hamburg (S. 4–49, 53, 57, 61)
	Thomas Diercks, Hamburg (S. 55, 59)
	Brigitte Wegner, Bielefeld (S. 51)
Foodstyling	Christine Bergmayer, Hamburg
Rezeptentwicklung und -beratung	Anke Rabeler, Berlin
Nährwertberechnungen	Nutri Service, Hennef
Grafisches Konzept	kontur:design, Bielefeld
Gestaltung	kontur:design, Bielefeld
Titelgestaltung	kontur:design, Bielefeld
Reproduktionen	LONGO AG, Bozen, Italien
Satz	Junfermann Druck & Service, Paderborn
Druck und Bindung	Firmengruppe APPL, aprinta Druck, Wemding
Wir danken für die freundliche Unterstützung	Waldemar Behn, Eckernförde
	Coca-Cola, Berlin
	DIAGEO Deutschland, Wiesbaden
	Kraft Foods, Bremen
	MARS, Viersen
	Nestlé Deutschland, Frankfurt/Main
	August Storck, Berlin

Die Autoren haben dieses Buch nach bestem Wissen und Gewissen erarbeitet. Alle Rezepte, Tipps und Ratschläge sind mit Sorgfalt ausgewählt und geprüft. Eine Haftung des Verlages und seiner Beauftragten für alle erdenklichen Schäden an Personen, Sach- und Vermögensgegenständen ist ausgeschlossen.
Nachdruck und Vervielfältigung (z. B. durch Datenträger aller Art) sowie Verbreitung jeglicher Art, auch auszugsweise, ist nur mit ausdrücklicher Genehmigung und Quellenangabe gestattet.

ISBN: 978-3-7670-0840-3